# 法藏知津

## 中國佛教研究集成

### 初 編

杜潔祥 主編

## 第18冊

### 中國五、六世紀盂蘭盆會之探源

吳明遠 著

花木蘭文化出版社

國家圖書館出版品預行編目資料

中國五、六世紀盂蘭盆會之探源／吳明遠 著 — 初版 — 台北
縣永和市：花木蘭文化出版社，2010〔民 99〕
目 4+216 面；19×26 公分
（法藏知津——中國佛教研究集成 初編：第 18 冊）
ISBN：978-986-254-231-6（精裝）
1. 佛教法會　2. 中古史　3. 中國
224.12　　　　　　　　　　　　　　　　　99012975

ISBN - 978-986-254-231-6

9 789862 542316

法藏知津——中國佛教研究集成
初　編　第十八冊　　　　　　　ISBN：978-986-254-231-6

## 中國五、六世紀盂蘭盆會之探源

作　　者　吳明遠
主　　編　杜潔祥
總 編 輯　杜潔祥
印　　刷　普羅文化出版廣告事業
出　　版　花木蘭文化出版社
發 行 所　花木蘭文化出版社
發 行 人　高小娟
聯絡地址　台北縣永和市中正路五九五號七樓之三
　　　　　電話：02-2923-1455／傳真：02-2923-1452
電子信箱　sut81518@ms59.hinet.net
初　　版　2010 年 8 月
定　　價　初編 36 冊（精裝）新台幣 55,000 元

# 中國五、六世紀盂蘭盆會之探源

吳明遠　著

## 作者簡介

吳明遠，台南市人。成長於一宗教氛圍濃郁的南部傳統家庭。由於父親篤信佛教，從小即對佛教有其相當程度的接觸。於台南一中就讀期間，因受歷史老師易世宗先生影響進入台大歷史系就讀。大學期間在學長的引領下，於溫州街天德黌舍愛新覺羅毓鋆老師門下讀了兩年左右的四書。進入台大歷史所後，因修讀周伯戡教授所開「西文佛學名著」課程拜入其門下，並在其指導下完成以盂蘭盆會為研究主題的碩士論文。

## 提　　要

　　本書的研究重點主要在於以下三方面：第一，利用藏內相關文獻，就歷代經錄中所存在關於《盂蘭盆經》的問題加以深入討論。比如，本文藉由釐清《灌臘經》與《盂蘭盆經》、《報恩奉盆經》之間的關係，進而論證早於盂蘭盆會形成之前，作為中土僧團解夏自恣日的七月十五日已是僧團重要年中行事。此外，本文亦針對盂蘭盆會的最早舉行時間加以深入討論。筆者藉由祐錄（〈法苑雜緣原始目錄〉）發現了一條極為珍貴的記載 即早在僧佑（445～518）當時江南僧團已經開始舉行盂蘭盆會。第二，本文以《盂蘭盆經》為主，搭配相關文獻，嘗試就人、事、時、地四方面來重建當時盂蘭盆會的儀式內容與過程。第三，本文在 Teiser 該文的基礎上，繼續討論目連此一角色在盂蘭盆會所扮演的關鍵角色。並藉由目連救母故事與優多羅母故事、那舍長者故事相比較以討論為何中土民眾最終普遍選擇了以目連救母故事為核心的《盂蘭盆經》。

目次

# 第一章 緒 論

## 一、引 言

回顧中國中古時期盂蘭盆會的歷史發展，可以大致將其歸納爲三個時期：

### （一）盂蘭盆會的醞釀期

從傳說中梁武帝普寺造盆開始，一直到唐武則天在洛陽舉行盛大的盂蘭盆會爲止。長期以來，學界對於盂蘭盆會在中國最早期的發展歷程，一直流於較浮面的研究。此類研究雖然亦皆引用了《荊楚歲時記》或者《顏氏家訓》的記載，藉以證實最遲在第六世紀以後，中國已經開始舉行盂蘭盆會。然而相關研究卻忽略了一些亦是非常重要的問題。例如：盂蘭盆會爲何能夠獲得中國民眾的普遍接受？僧團結夏安居在盂蘭盆會所扮演的角色爲何？早期中國佛教內部關於農曆七月十五日，也就是僧團自恣日所抱持的態度爲何？以上等等問題，皆關係著如何還原盂蘭盆會在中國的初期發展。一旦忽略掉早期盂蘭盆會的出現不過是僧團結夏安居儀式中的一環，則很容易發生將農曆七月十五日當天形成重要節慶的原因，簡單的歸諸於《盂蘭盆經》中目連救母的主題契合於中國傳統孝道思想這樣一種結論。

### （二）盂蘭盆會的開展蛻變期

此段時期，主要指武則天於洛陽城南門舉行盛大盂蘭盆供一直到唐末爲止。在這段期間，盂蘭盆會的發展可以從兩方面加以介紹：

第一、道教中元日的加入此一節日。入唐以後，道教三元日的舉行日期已然確立。由於道教中元日的舉行時間同樣爲農曆七月十五日的緣故，使得盂蘭盆會在唐代的發展遭受到一定的衝擊。就負面而言，道教中元日的介入此一節日，自然造成佛道之間在一定程度上的緊張關係。再加上李唐尊奉老子爲其祖宗的關係，唐代皇室對於道教三元日的扶植，更是影響到一般民眾對於此一節日的認知。然而唐代皇室將三元日訂爲國定節日的措施，除了造成曆法上將此節日歸於道教的負面影響外，七月十五日當天從地方性節慶轉變成全國性的節日，對於盂蘭盆會在唐代的發展，可以說具有極大的正面幫助。

第二、盂蘭盆目連救母故事在民間的流傳與發展。唐代以後，目連救母故事經由變文故事的渲染流傳，目連身爲僧侶爲報母恩上天下地的孝子形像、藉此深深烙印在當時廣大的中國百姓的腦海裏。然而，就在盂蘭盆會看似發展到最頂峰的時刻，佛教內部不同儀式對於盂蘭盆會所造成的衝擊也開始逐漸浮現：密宗傳入的施食儀軌、具有不可思議力量的尊勝信仰、地藏與十王信仰等等，皆造成盂蘭盆會相當程度的衝擊。除此之外，大乘佛教所主張一切眾生無始已來互爲父母兄弟親眷的觀念，對於盂蘭盆會儀式內容的影響，亦是學界一直未曾注意到的重要問題。原因在於，根據《大乘本生心地觀經》卷〈報恩品〉所云：「一切男子即是慈父，一切女人即是悲母，昔生生中有大恩故，猶如現在父母之恩等無差別。」則大乘佛教的孝道觀將從個人的父母出發，推及一切眾生。如此一來，《盂蘭盆經》中所云爲"七世父母"供養自恣僧眾當中的"七世"者，將不再僅限於字面上的"七"字，而是將其做極大數解釋（如同中國的九字）。七世父母即指無窮世父母，亦即一切眾生。如此一來，則盂蘭盆會在唐代密教施食儀軌傳入後逐漸轉爲以施食眾生的普度儀式，則不再令人感到訝異。

除此之外，盂蘭盆會儀式中的救"餓鬼"此一內容，亦是造成盂蘭盆會與焰口施食逐漸合流、混同的主要原因之一。

（三）宋代以後的定型期

在宋代以後，七月十五日此一節日融合了佛教盂蘭盆會、道教中元日以及地方民俗祭祀，儀式對象也從從原本對於個人亡親的追薦轉而擴及於無主鬼魂的"普度"。這樣一個情形，歷經元明清乃至現代一直不曾有多大改變。至於節日的名稱，亦從原本"盂蘭盆會"或者"中元日"增加了諸如："七月半"、"鬼節"、"普度"、"放焰口"、"搶孤"、"瓜節"等等。除此之外，就連盂蘭盆會的舉行時間亦不再定制於七月十五日當天。

　　盂蘭盆會之所以發生如此重大的轉變，當中的因素頗爲複雜。若依據學界之前的解釋，大致可以從以下幾方面加以探討：

　　第一、佛教在唐代歷經安史之亂與會昌法難的雙重打擊下，僧侶素質已經大不如前。在連僧侶都無法清楚辨別盂蘭盆會與焰口施食之間差異的情況下，更別提信徒或者民眾能夠區分盂蘭盆會與中元日、施餓鬼之間的差別所在。

　　第二、唐代密宗焰口施食儀軌的傳入中國，正好補充了《盂蘭盆經》儀式上的不足。再加上施食“餓鬼”的觀念與中國傳統祭祀有其互通之處（血食的目的在於令祖先得食，不至餓餒），也間接促成了盂蘭盆儀式在唐代以後逐漸增強關於施食餓鬼的儀式內容。除此之外，根據大乘佛教的慈悲觀，一切眾生過去世即爲吾父、吾母。則盂蘭盆會的追薦對象從原本僅止於個人七世父母的孝親觀因而擴充成對於一切眾生的追薦，這點或許即宋代以降盂蘭盆會逐漸變成以普度眾生爲主的重要原因之一。

　　第三、佛教內部不同儀式之間的互動，除了存在競爭關係外，更多的是彼此之間的相互影響與合作關係。舉例而言，盂蘭盆會與淨土信仰、彌勒信仰、尊勝信仰、地藏十王信仰、《父母恩重經》等即皆曾出現彼此結合的情形。

　　第四、佛教內部不同儀式內容的衝突與矛盾，亦是盂蘭盆會儀式內容逐漸轉變的重要原因。簡單舉例來說，佛教薦亡儀式中七七齋（唐代發展成十王齋）如果說確實有其追福的功效的話，則盂蘭盆會應屬多餘之舉。若說此是基於人子孝親之思因而年年追薦的話，依據《灌頂經》所提出爲亡者追福，亡者僅得“七分之一”，而生者盡得其六的理論，則年年崇修盂蘭盆供的目的反倒是變成爲自己祈福失去了儀式原本設立的意義。此外，盂蘭盆會儀式由於建立在人子與父母的孝道倫理關係上，忽略了社會上存在的那群或因爲早夭、難產、失婚、戰爭等因素沒有兒女爲其送終、祭祀、追福的亡靈們的需求，應該亦是唐代以後盂蘭盆會儀式中加強普度施食的原因之一。

　　第五、李唐因爲與道教的特殊關係，將七月十五日因爲中元日的關係訂爲國定假日，對於一般民眾對於此一節日的稱呼與認知必然有其一定的影響力。這一點，應即宋代以後諸如《夢華錄》等相關文獻在提及此節日時，出現了先中元日後盂蘭盆會的重要關鍵（此一情形恰巧與唐代相反）。

　　面對盂蘭盆會這樣一個轉變，雖然宋代以下不乏諸如慈雲遵式在《金園集》：「吳越之俗，亦存盂蘭之設。但名下喪實，良可痛哉！每至此日，或在本家，或寄僧舍，廣備疏食，列祀先靈。冥衣紙錢，憑火而化，略同簠簋之薦，未干蘭供之羞。」的護法之聲，然而僅能稍稍收一時一地之效，並無法改變大環境下民眾已然深植的觀念。是以到了明代，雖然袾宏依舊在其《正訛集》中提出澄清：「世人以七月十五日施鬼神食爲盂蘭盆大齋之會，此訛也。蘭盆緣起目連，謂七月十五日，眾僧解夏自恣，九旬參學多得道者，此日修供，其福百倍，非施鬼神食也。施食自緣起阿難，不限七月十五。所用之器是摩竭國斛，亦非蘭盆。蓋一則上奉賢聖，一則下濟餓鬼，惡可得混？」然而元・德輝重編《百丈清規》卷七〈節臘章〉所載：「十五日解制。當晚設盂蘭盆會，諷經施食。」以及清儀潤《百丈清規證義記・蘭盆會約》第十條：「此會雖薦父母宗親，兼度六凡。又六道輪迴。互爲眷屬。凡夫不識，佛敕放生以助功德。宜廣勸眾施，於圓滿日買放，切不可廢。」這類記載，無疑意味著大部分佛教僧團對於盂蘭盆會與焰口施食的結合予以默許的歷史事實。

　　簡略回顧盂蘭盆會在中國的發展歷史，令筆者感到有興趣者，莫過於上述第一階段的醞釀期。就筆者而言，以下幾點是之前學界所未曾深入探討的一些重要問題：（一）根據相關文獻顯示，對於所有佛教而言（包含南傳、漢傳乃至藏傳佛教皆是），僧團每年九旬的安居不管其名稱是"雨安居"或"夏安居"，又或者安居時間因爲曆法與認知的差距不盡相同，然而其作爲僧團最重要的年中行事的事實乃是不容否認的客觀事實（法顯、玄奘、義淨等求法僧的著作皆證明了這一點）。是以，佛教在傳入中國以後，隨著律典的逐漸翻譯完備之後，必然亦忠實依造律典所言開始履行結夏安居的儀式。關於這點，目前佛藏中存在大量關於僧團安居行事的記載客觀的印證了上述的論點。然而，就筆者而言，學界長期以來忽略了盂蘭盆會與僧團安居的密切關係，導致了目前學界缺乏盂蘭盆會在中國早期發展的相關討論。對此，我以爲若能從盂蘭盆會與僧團安居彼此之間的關係著手，將有助於釐清盂蘭盆會在中國初期發展的原貌。（二）長期以來，學界對於盂蘭盆會儀式內容的著墨一直稍嫌不足。在本文中，我希望能藉由相關文獻的輔助，盡量重構當時盂蘭盆會的儀式內容與施行實況。（三）《盂蘭盆經》中目連救母故事所透露的諸多主題，例如"救母"主題與中國傳統孝道的關係、"供僧"主題與僧俗之間的互動、"餓鬼"主題與中國傳統祭祀之間的關係、目連神通第一的特殊背景與目連救母故事的成爲廣爲流傳的民間文學的關係等等，都是本文想要加以討論的地方。

　　基於上述的種種觀察，促成了本書的寫作。

## 二、研究史回顧與檢討

　　上個世紀學界對於盂蘭盆會的相關研究〔註1〕，累積了豐厚的研究成果。這些成果有屬於單篇的研究論文〔註2〕，和兩本專論。日本學者岩本裕教授的《目連伝說と盂蘭盆》（寶藏館，1979年），以及美國學者 Stephen F. Tesier 的 *The Ghost Festival in Medieval China*（Princeton, University Press, 1988）〔註3〕。

〔註1〕 盂蘭盆研究肇始於 1925 年日本學者倉石武四郎在《支那學》（三卷十期）上發表了〈目連救母行孝戲文に就いて〉一文，之後引起學界對於目連故事的一連串討論。1926 年池田澄達教授在《宗教研究》（三卷一期）發表〈盂蘭盆経に就ついて〉。1927 年五月，《支那學》同時刊載了倉石武四郎先生〈目連変文介紹の後に〉以及清木正兒先生〈敦煌遺書《目連緣起》《大目乾連冥間救母變文》及《降魔變押座文》に就いて〉這兩篇文章。1929 年中國錢南楊先生在《民俗》上回應了〈讀日本倉石武四郎的目連救母行孝戲文研究〉一文（《民俗》第七十二期）。很可惜的是，國內學界並沒有因此趕搭上這股研究熱潮，此後有關盂蘭盆會的相關研究，幾乎完全只見日本學界的持續研究。這樣一個現象，一直要到八〇年代以後，隨著中國敦煌學研究的嶄露頭角，才又見到部分學者注意到了民間戲曲中的目連故事與盂蘭盆會之間的密切關係。大陸學者劉禎所著《中國民間目連文化》（巴蜀書社，1997 年）即是綜合了這段期間大陸學界對於目連戲的相關研究成果。

〔註2〕 這批優秀的單篇研究論文，包括了諸如：池田澄達教授的〈盂蘭盆経に就ついて〉（《宗教研究》三卷一期，1926 年）；岡部和雄教授的〈盂蘭盆経類の譯經史的考察〉（《宗教研究》三十七卷三期，1964 年）；〈淨土盂蘭盆経の成立とその背景──僞經經典成立に関する一試論〉（《鈴木學術財團研究年報》第三期，1965 年）；〈宗密における孝論の展開とその方法〉（《印度學仏教學研究》十五卷二期，1967 年）；〈敦煌本「盂蘭盆経讚述」の性格〉（《印度學仏教學研究》第三十六期（十八卷二期），1970 年）；石上善應教授的〈目連說話の系譜〉（《大正大學研究集要》第五十四期，1968 年）；井本英一氏〈盂蘭盆の諸問題〉（《オリエント》九卷一期，1969 年）；吉岡義豐氏〈中元盂蘭盆の道教的考察〉（《道教と佛教第二》（東京：國書刊行會，1976 年，頁 229〜285）；〈盂蘭盆経・目連変の原型話について〉（《吉岡義豐著作集》第二卷，東京：五月書房，平成元年，頁 143〜154）；金岡照光氏〈敦煌本《盂蘭盆経》雜感──盂蘭盆會と目連変に関して〉（《道教と宗教文化》，平河出版社，1987 年）等篇。

〔註3〕 陳芳英先生的碩士論文《目連救母故事之演進及其有關文學之研究》（台灣大學文史研究，1983 年）亦有觸及目連救母故事以及盂蘭盆，然而該書主題已偏重於目連故事的演變，而非盂蘭盆會，是以並不列入討論。

岩本裕教授《目連伝説と盂蘭盆》該書綜攝了當時日本學界關於盂蘭盆會的相關研究成果。Tesier 教授該書則是站在日本學界的基礎研究上，更進一步討論了諸如：爲何盂蘭盆會能夠在中國中世紀取得如此廣大民眾的認同？盂蘭盆會在儀式內容上與中國傳統祭祀觀有著何種互動關係？盂蘭盆會的神話故事與儀式內容具有何種象徵意義等重要問題。該書溶冶人類學、社會學、歷史學、宗教學與佛教學於一爐的研究方法，更使得本書成爲近年來中國宗教史研究領域內的重要專著。〔註4〕

　　讓我先對過去關於盂蘭盆會的研究成果作一回顧與簡介。整合過去的研究，主要集中於下面三個方面：（一）是從語言學的角度去探討「盂蘭盆」一詞的出處以及所指意涵；（二）是從佛教目錄學的角度討論《盂蘭盆經》的成書年代及其眞僞問題；（三）目連故事的內容。我將對此下面三方面做一簡介。

## （一）「盂蘭盆」的出處及意涵

　　學界關於"盂蘭盆"一詞的研究，自從 1929 年池田澄達先生發表〈盂蘭盆経に就ついて〉一文後，歷經了超過半個世紀的討論，可歸納成下面兩種解釋：

### 1. 池田的印度起源說

　　池田澄達先生〈盂蘭盆経に就ついて〉〔註5〕一文根據玄應《一切經音義》所載：「盂蘭盆此言訛也，正言烏藍婆拏。此譯云倒懸。案西國法至於眾僧自恣之日，云先亡有罪，家復絕嗣，亦無人饗祭，則於鬼趣之中受倒懸之苦。佛令於三寶田中俱具奉施佛僧，祐資彼先亡以救先云（亡）倒懸飢餓之苦。舊云盂蘭盆是貯食之器者此言誤也。」〔註6〕提出了"烏藍婆拏"梵文對應字爲"ullambana"（Hybrid Sanskrit 作"avalambana"即「倒懸」意）〔註7〕。該文之所以引起學界廣大的迴響，主要在於以下幾點：第一、池田先生在該文中補充了印度史詩《摩訶婆羅多》（Mahābhārata）類似目連救母故事的材料。第二、該文提出了《摩奴法典》（Mānava-Dharma-Śāstra）第九卷第一三

---

〔註4〕關於該書的相關研究內容以及廣獲好評的原因，筆者曾撰有專文加以評介，
　　　　謹附於本篇論文附錄。
〔註5〕《宗教研究》新三卷一期，1926 年，頁 59～64。
〔註6〕摘自唐慧琳《一切經音義》（《大正藏》第五十四卷，No.2128），頁 535b。
〔註7〕得參閱荻原雲來〈盂蘭盆の原語について〉（《荻原雲來文集》，頁 919ff）。

八條：「兒子（梵 putra）拯救（梵 trāyate）墮於地獄的父親」以及高楠木材《印度哲學宗教史》中所提「印度古來即相信無子嗣者於死後必墮入惡處，故婆羅門於二十歲修業圓滿後，遂歸家娶妻生子，以祭祀祖先之靈。」這兩條新材料。第三、作者在考察相關《盂蘭盆經》經疏後認爲，將盆字作「器皿」的相關解釋，就文字學的角度而言是有問題的〔註 8〕。池田教授認爲"盂蘭盆"不可以拆開解釋。

　　該文發表之後，日本學界也陸續提出補充與修正。其中尤以高楠順次郎〔註 9〕以及干潟龍祥〔註 10〕的補充"盂蘭盆"乃巴利文"ullampana"（即中文救濟，濟度意）音譯說最受矚目。〔註 11〕

### 2. 岩本的伊朗起源說〔註 12〕

　　岩本裕教授主張：不僅盂蘭盆一詞中"盂蘭"兩字有可能是源於中古伊朗文 urvan（靈魂）的轉寫，甚至唐代變文中目連救母故事中相關救贖主題，都源於伊朗〔註 13〕。由於伊朗位於中亞，古稱西域，是以伊朗文即西域語言的一支。據此，岩本裕教授的主張恰巧與唐代著名僧人宗密所著《盂蘭盆經疏》中的解釋：「盂蘭是西域之語，此云倒懸。盆乃東夏之音，仍爲救器。若

---

〔註 8〕　比方說，當作者在處理宋遇榮《盂蘭盆經疏孝衡鈔》所載：「盆亦訛略，舊云盆佐那，新門佐羅，亦云門佐曩，華言救器。」的文字時，其認爲雖說「門佐曩」一辭確實可以找到梵文的對應字 Muñcana（巴利語作 Muccana，梵語作 Mocana），然而「Muñcana」有「救護」之意，但是沒有「器皿」的含意。

〔註 9〕　〈盂蘭盆の意義〉，《法華》二十九卷七期。

〔註 10〕　〈梵漢雜俎〉，《智山學報》第十二、十三期，頁 6～9。

〔註 11〕　主張盂蘭盆故事出自印度的日本學者當中，尚有小川貫弋先生根據印度佛教部派當中曇無德部對於目連的崇拜進而論說盂蘭盆會應該是曇無德部所傳承的「鉢和羅飯」（pravāraṇa）亦即「自恣齋」傳統配合目連本身故事的混合物。參見〈目連変文の源流〉（《佛教文化史研究》，永田文昌堂，昭和 48 年），頁 168～171。

〔註 12〕　《目連伝説と盂蘭盆》，日本寶藏館，1979 年。

〔註 13〕　岩本裕教授認爲祆教的一些觀念經由希臘人（Greeks）、粟特人（Sogdians）、波斯人（Persians）、貴霜人（Kushans）傳入西北印度，而西北印度正是根本說一切有部勢力最強的區域，於是此一觀念與一切有部傳統的目連故事作了結合，誕生了目連救母此一主題故事。至於此一故事的傳入中國，岩本裕教授認爲與粟特人的進出中國關係密切。關於目連救母故事，作者認爲此一故事的原型或許即來自於希臘神話中 Dionysus 下地獄救其母親 Semele 此一故事。參見氏著〈地獄めぐりの文學〉（後收入氏著《目連伝説と盂蘭盆》），頁 184～199。

隨方俗，應日救倒懸盆。」〔註14〕相吻合。

　　而在岩本裕一文發表後，此一全新的見解，很快即引起學界的廣泛討論〔註15〕。井本英一先生〈盂蘭盆の諸問題〉〔註16〕一文即補充了"ullambana"是中古伊朗文"ulavāanmāḥ"的轉寫說法。此外，Tanabe Katsumi 所著"Iranian Origin of the Gandharan Buddha and Bodhisattva Images ── the catalytic contribution of the Kushan Buddhists"〔註17〕所提到的古伊朗文中"靈魂"一辭作"uran"的看法亦可以視爲重要例證。

　　對於上述兩種解釋，筆者個人比較傾向於接受以井本英一氏爲代表的看法。原因有三：第一、"uran"的發音確實非常接近於「盂蘭」(ullan)；第二、根據 Tanabe 的研究，早期伊朗祆教曾經影響過犍陀羅佛教的造像，再加上中古伊朗人的宗教儀式中，除了對於三主神 Ahura Mazda、Mithra 以及 Anahitah 的崇拜外，曾發展出一個新的宗教儀式：對於死去國王們靈魂（uran）的崇拜。他們相信藉由對國王靈魂的崇敬以及獻供儀式，死去國王們的正直靈魂將會庇佑他們。該文並提到了古伊朗人的冥界觀念：認爲人死後的靈魂將在屍體旁邊停留整整三天，這段期間家屬應該齋戒哀哭，爲亡者舉行祭祀，並請祭司禱告。如此一來，到了第四天，亡靈在經過"分別之渡"（Chinvat Peretu）時，將由十五歲的漂亮女孩，從南方伴隨著香風引領其上天堂。反之，若是邪惡的靈魂，則將在醜陋的老女人以及北方五十道寒風帶領下地獄〔註18〕。綜合上述內容，古伊朗人的薦亡儀式，在儀式的內容與精神上確實與盂蘭盆會有其相似之處。第三、由於我國漢代以後泛稱今日玉門關以西的新疆以及中亞地區爲"西域"，位於中亞的伊朗，其文字（伊朗文）自屬西域文字的一支。據此，井本所提源於古伊朗文的說法與宗密《盂蘭盆經疏》所說「盂

---

〔註14〕　《大正藏》第三十九卷，頁 506c。

〔註15〕　小川貫弌〈目連変文の源流〉(《佛教文學研究》(二)，永田文昌堂，1973 年，頁 7 以下)；剛部和雄〈盂蘭盆経類の譯経史的考察〉(《宗教研究》三十七卷三期，1964 年，頁 59〜78)；〈淨土盂蘭盆経の成立とその背景──偽経経典成立に関する一試論〉(《鈴木學術財團研究年報》第三期，1965 年，頁 59〜71) 等論文都是此一波研究熱潮下的重要文章。

〔註16〕　《オリエント》九卷一期，1969 年。

〔註17〕　Tanabe Katsumi "Iranian Origin of the Gandharan Buddha and Bodhisattva Images ── the catalytic contribution of the Kushan Buddhists", *Bulletin* of the Ancient *Orient Museum* vol.IV (1986~1987), pp.1~27.

〔註18〕　關於"分別之渡"，參見龔方震、晏可佳著《祆教史》(上海：上海社會科學院出版社，1998 年)，頁 49〜51。

蘭是西域之語」〔註 19〕，正好吻合。此外值得注意的是，依據宗密《盂蘭盆經疏》卷下所云：「義淨三藏云：頒自我口暢之，彼心以教合機，故稱佛說。盂蘭是西域之語，此云倒懸。盆乃東夏之音，仍爲救器。」〔註 20〕似乎宗密著疏時關於"盂蘭盆"的解釋是得自於唐代著名求法僧義淨（635～713）三藏的解釋〔註 21〕。如果宗密此一記載確實有據的話，則更加強了此種解釋的可信度。〔註 22〕

### （二）《盂蘭盆經》文獻的考察

　　《盂蘭盆經》見存於佛教歷代經錄之中。以下即歷代經錄中關於《盂蘭盆經》的相關記載：

### 1. 僧祐（445～518）《出三藏記集》

　　僧錄中最早提及《盂蘭盆經》的，應爲僧祐（445～518）《出三藏記集》卷四〈新集續撰失譯雜經錄〉中所註明的「盂蘭經一卷」〔註 23〕。顯然僧祐將《盂蘭盆經》歸爲當時"新集續撰"的"失譯"經典。

### 2. 隋費長房（561～597）《歷代三寶紀》

　　費長房先是在《歷代三寶紀》卷六將《盂蘭盆經》歸於竺法護翻譯〔註 24〕。卻又將《盂蘭盆經》放在《歷代三寶紀》卷十四的〈小乘修多羅失譯錄〉中。根據費長房的記載：

　　灌臘經一卷（一名般泥洹後四輩灌臘經）。盂蘭盆經一卷。報恩奉盆
　　經一卷（上三經同本別譯異名）。〔註 25〕

《盂蘭盆經》與《灌臘經》、《報恩奉盆經》爲"同本別譯"，且皆屬"失譯"經典。

### 3. 隋法經（約 594）《眾經目錄》

　　根據法經《眾經目錄》卷三〈眾經失譯〉記載：

---

〔註 19〕　《大正藏》卷三十九，頁 506c。

〔註 20〕　《大正藏》卷三十九，頁 506c。

〔註 21〕　就好比遇榮由於本身不懂梵文，在涉及到翻譯問題的"盂蘭盆"一詞，必得說明其疏中所寫乃是根據當今「大宋翻經者」的解釋而得。

〔註 22〕　宗密疏中此一說法，據筆者所知，宋僧道誠編輯的《釋氏要覽》以及南宋僧人普觀（約 1178 年）所著《盂蘭盆經疏會古通今記》繼承了這樣一個說法。分見《大正藏》卷五十四，頁 304c；《卍續藏》冊三十五，頁 127a。

〔註 23〕　《大正藏》第五十五卷，頁 28c。

〔註 24〕　《大正藏》第四十九卷，頁 64a。

〔註 25〕　《大正藏》第四十九卷，頁 118c。

　　盂蘭盆經一卷。灌臘經一卷（一名般泥洹後四輩灌臘經）。報恩奉盆
　　經一卷。右三經同本重出。〔註26〕

法經將《盂蘭盆經》與《灌臘經》、《報恩奉盆經》歸於失譯經典，且認爲"三
經同本重出"。

### 4. 隋彥琮（約602）《眾經目錄》

　　根據彥琮《眾經目錄》卷二〈小乘經重翻〉記載：

　　盂蘭盆經一卷。灌臘經一卷（一名般泥洹後四輩灌臘經）。報恩奉盆
　　經一卷。右三經同本異譯。〔註27〕

彥琮的記載大致同於法經，只不過將"三經同本重出"改寫爲"同本異譯"。

### 5. 唐道宣（664）《大唐內典錄》

　　道宣《大唐內典錄》卷二〈西晉朝傳譯佛經錄〉記載「盂蘭經一卷」並
注爲竺法護所翻譯〔註28〕。卷七〈小乘經單重翻本并譯有無錄〉記載：「盂蘭
盆經（一紙又別本五紙云淨土盂蘭盆經未知所出）。灌臘經（二紙一名般泥
洹後四輩灌臘經）。報恩奉盆經（二紙上三經同本異出）。」〔註29〕與卷九〈歷
代眾經舉要轉讀錄〉記載：「盂蘭經（一紙）。右一經。三本。與灌臘經、報
恩奉盆經、淨土盂蘭盆經同。」〔註30〕，則在主張《盂蘭盆經》與《灌臘經》、
《報恩奉盆經》三經"同本異出"之外，又增添一個新譯本《淨土盂蘭盆
經》。〔註31〕

### 6. 唐靜泰（約665）《眾經目錄》

　　根據靜泰《眾經目錄》卷二〈小乘經重翻〉所云：

　　盂蘭盆經一卷（五紙）。灌臘經一卷（一名般泥洹後四輩灌臘經二
　　紙）。報恩奉盆經一卷。
　　右三經同本異譯。〔註32〕

---

〔註26〕《大正藏》第五十五卷，No.2146，頁133b。
〔註27〕《大正藏》第五十五卷，No.2147，頁160a。
〔註28〕《大正藏》第五十五卷，No.2149，頁235a。
〔註29〕《大正藏》第五十五卷，頁298b。
〔註30〕《大正藏》第五十五卷，頁322c。
〔註31〕此《淨土盂蘭盆經》依據《法苑珠林》卷六十二，〈祠祭篇‧獻佛部〉所載，
　　　　當時人們爲了將此經與《報恩奉盆經》加以區分，故而稱此經爲"大盆淨土
　　　　經"、"大盆經"，稱《報恩奉盆經》爲"小盆報恩經"與"小盆經"。參
　　　　見《大正藏》第五十三卷，頁751a。
〔註32〕《大正藏》第五十五卷，No.2148，頁194c。

《盂蘭盆經》與《灌臘經》、《報恩奉盆經》三經，是"同本異出"的失譯經典。

### 7. 唐明佺（695）《大周刊定眾經目錄》

《大周刊定眾經目錄》卷九記載：

> 盂蘭盆經一卷（三紙又別本五紙云淨土盂蘭經未知所出）
> 右晉代竺法護譯。出長房錄
> 灌臘經一卷（二紙一名般泥洹後四輩灌臘經）
> 右晉代竺法護譯。出長房錄
> 報恩奉盆經一卷（二紙）
> 已上三經同本重出。〔註33〕

《大周刊定眾經目錄》採用了《歷代三寶紀》的記載，認為《盂蘭盆經》與《灌臘經》、《報恩奉盆經》三經乃"同本異出"。不過，關於譯者部分，《大周刊定眾經目錄》將《盂蘭盆經》與《灌臘經》皆歸於竺法護所翻譯，至於《報恩奉盆經》則依舊歸於失譯經典。文中同樣提到了《淨土盂蘭盆經》，並強調"未知所出"。

### 8. 唐智昇（730）《開元釋教錄》

根據智昇《開元釋教錄》卷十二〈有譯有本錄〉所云：

> 盂蘭盆經一卷（亦云盂蘭經），西晉三藏竺法護譯。報恩奉盆經一卷，
> 失譯今附東晉錄。
> 右二經同本異譯（莫辯先後廣略稍異）。〔註34〕

以及同卷另一段記載：

> 般泥洹後灌臘經一卷（一名四輩灌臘經亦直云灌臘經），西天三藏竺
> 法護譯（右此灌臘經大周等錄皆為重譯云與盂蘭盆經等同本異譯者
> 誤也今尋文異故為單本）。〔註35〕

智昇將《盂蘭盆經》歸為西晉竺法護翻譯，將《報恩奉盆經》附於東晉失譯經典。並透過經文比對的方法，認為《大周錄》等經錄將《灌臘經》和《盂蘭盆經》、《報恩奉盆經》視為同本異譯的說法是錯誤的，《灌臘經》應是西晉竺法護翻譯的單本經文。除此之外，智昇在《開元釋教錄》卷十八〈別錄中

---

〔註33〕　《大正藏》第五十五卷，No.2153，頁431c。
〔註34〕　《大正藏》第五十五卷，No.2154，頁598b。
〔註35〕　《大正藏》第五十五卷，頁605a。

－11－

疑惑再詳錄〉也提到：

> 淨土盂蘭盆經一卷（五紙）。右一經，新舊之錄皆未曾載。時俗傳行，
> 將爲正典。細尋文句，亦涉人情。事須審詳，且附疑錄。〔註36〕

將《淨土盂蘭盆經》列入疑錄當中。

　　除了上述經錄外，唐宗密在其《盂蘭盆經疏》亦曾就《盂蘭盆經》的譯本問題提出下面看法：

> 《佛說盂蘭盆經》，此經總有三譯。一、晉武帝時刹法師〔註37〕翻，
> 云《盂蘭盆經》；二、惠帝時法炬法師譯，云《灌臘經》，應此文
> 云：具飯百味五果、汲灌盆器、香油錠燭等故；三舊本別錄，又有
> 一師翻爲《報恩經》，約所行之行而立名故。今所釋者，即初譯
> 也。〔註38〕

根據宗密的認知，《盂蘭盆經》前後存有三譯。初譯爲晉武帝竺法護所翻譯；晉惠帝時法炬所譯《灌臘經》爲第二譯；至於第三種譯本《報恩經》則爲失譯經典。

　　綜觀上述經錄關於《盂蘭盆經》的討論，可以發現，早在宗密之前，中國佛教內部已經就《盂蘭盆經》的經本問題以及翻譯者進行過一定程度的討論。歷代經錄對於《盂蘭盆經》與《灌臘經》以及《報恩奉盆經》三者之間的關係也是多所爭議。以下即現代學者不同的解釋：

1. 從傳統佛教經錄的辯僞角度來看，歷代經錄與相關佛教類書證明了《盂蘭盆經》由始至終皆不存在"疑僞經"的問題〔註39〕。《盂蘭盆經》會出現是疑經或僞經的爭議，完全是出於現代學者根據目前所存梵文佛典以及南傳巴利文佛典都不見有任何相關《盂蘭盆經》原本。再加上法顯、玄奘、義淨等求法僧的著作中皆未曾提及西國僧團曾有行盂蘭

---

〔註36〕《大正藏》第五十五卷，頁 671c～672a。

〔註37〕竺法護梵名 Dharmarakṣa，音譯作曇摩羅刹、曇摩羅察。宗密文中所指"刹"
　　　　法師，即曇摩羅刹之簡稱。參見《高僧傳》卷一，《大正藏》第五十卷，頁
　　　　326c。

〔註38〕《大正藏》第三十九卷，頁 506c。

〔註39〕根據現存藏內歷代經錄的記載，現存文獻中最早提及《盂蘭盆經》，應爲僧祐
　　　　（445～518）《出三藏記集》卷四〈新集續撰失譯雜經錄〉中所註明的「盂蘭
　　　　經一卷」（《大正藏》第五十五卷，頁 28c）。根據僧祐文中將《盂蘭經》置於
　　　　〈新集續撰失譯雜經錄〉的編排，很顯然《盂蘭經》乃是當時"新集續撰"
　　　　的"失譯"經典。據此，則《盂蘭盆經》在中國從來不曾存在疑僞經的問
　　　　題。

盆會的習俗，於是站在學術研究的嚴謹立場對於《盂蘭盆經》的翻譯
身份提出了合理的質疑。〔註40〕

2. 即《盂蘭經》的譯者問題。這個問題之所以出現，是由隋費長房《歷
代三寶記》首度將《盂蘭經》歸入西晉竺法護（竺曇摩羅刹 Dharmarakṣa）
的翻譯經典內〔註41〕。相較於成立時間較早的《出三藏紀集》將《盂
蘭盆經》（文中作《盂蘭經》）置於〈新集續失譯雜經錄〉，未曾說明立
論依據的竺法護翻譯說，其眞實性當然值得質疑。〔註42〕

3. 關於歷代經錄將《盂蘭盆經》、《灌臘經》、《報恩奉盆經》三部經典判
定為「同本別譯」、「同本重出」或「同本異出」〔註43〕。陳祚龍先生
提出了《報恩奉盆經》應該是《盂蘭盆經》節本看法〔註44〕。相同的
見解，亦出現在日本學者入沢崇先生的論文中〔註45〕。此外，關於《灌
臘經》與《盂蘭盆經》的關係，目前學界大多依據唐智昇《開元釋教
錄》的說法〔註46〕，認定此經與《盂蘭盆經》應該沒有任何關係〔註47〕。

---

〔註40〕現代學者中自然不乏將《盂蘭盆經》視為中土偽經者。譬如日本學者道端良
秀即曾提出《盂蘭盆經》"也許是由中國做成的經典"的看法，參見氏著，
釋慧嶽譯，《佛教與儒家倫理》，《世界佛教名著譯叢》（四十八）（台北：中華
佛教文獻編撰社，1973 年），頁 225。大陸學者朱恆夫先生亦主張《盂蘭盆經》
為中土偽經（見氏著《佛說盂蘭盆經》的影響與對該經眞偽的看法），《世界
宗教研究》1987 年第二期）。

〔註41〕費長房在《歷代三寶記》卷六「譯經西晉」部分，將《盂蘭經》置於竺法護
所翻譯的二百一十部佛典中。這樣一個說法，後來靜律《古今譯經圖紀》卷
二，《大正藏》第五十五卷，頁 354a；道宣《大唐內典錄》卷二，《大正藏》
第五十五卷，頁235a；及智昇《開元釋教錄》，《大正藏》第五十五卷，頁 494c、
598b、707b 皆採用了費說。

〔註42〕歷代經錄關於《盂蘭盆經》的詳細記載，請參閱陳祚龍〈看了敦煌古抄「佛
說盂蘭盆經贊」以後〉（《敦煌學》第十二期，1987 年）及入沢崇〈仏説盂蘭
盆経成立考〉（《仏教學研究》第四十五、四十六期，1990 年）兩文。

〔註43〕主張三者之間的關係是「同本別譯」或者「同本重出」者包括了：隋費長房
《歷代三寶記》，《大正藏》第四十九卷，頁 61～65、116～118；隋代法經《眾
經目錄》，《大正藏》第五十五卷，頁 133b；隋彥琮《眾經目錄》，《大正藏》
第五十五卷，頁 160a；唐靜泰《眾經目錄》，《大正藏》第五十五卷，頁 194c；
唐明佺《大周刊定眾經目錄》，《大正藏》第五十五卷，頁 431c。

〔註44〕陳祚龍〈看了敦煌古抄「佛說盂蘭盆經贊」以後〉，頁 25。

〔註45〕入沢崇先生是在比對兩部經典內容文字後，加上《報恩奉盆經》並不見《出
三藏紀集》記載，是以亦認為《報恩奉盆經》為前者之節本（詳見入沢崇〈仏
説盂蘭盆経成立考〉，頁 150～151）。

〔註46〕唐智昇《開元釋教錄》卷十二〈有譯有本錄〉：「右此灌臘經，大周等錄皆為

　　關於這點，經筆者比對兩者間的經文，意外發現兩者間的關係並非之前研究者所宣稱的那樣簡單。本文之後會針對此一問題加以深入討論，此處不再贅述。

4. 關於《盂蘭盆經》的成書年代。小川貫弌提出了《盂蘭盆經》約於公元 400 年出自印度西北部的法藏部的說法〔註 48〕；牧田諦亮則主張此經源出中國且時代較晚〔註 49〕；其他大部分的學者則抱持該經是第六世紀初在中土所拼湊出的看法〔註 50〕。Teiser 則以目前文獻中缺乏六世紀以前的獨立證據，在綜合學界的看法後，選擇將該經的成立時間訂於公元 400～500 年。〔註 51〕

5. 關於盂蘭盆會在中國最早舉行的時間。這個問題的討論，根據中國佛教內部的傳統說法，存在有唐法琳在《辯正論》所提出的齊高帝（479～482）說：「七月十五日，普寺送盆，供養三百名僧。」〔註 52〕以及五代義楚〔註 53〕《釋氏六帖》卷二十二 "武帝送盆" 條提出的梁武帝大同四年（538）說：「弘明云：梁武帝每於七月十五日普寺送盆供養，

重譯，云與盂蘭盆經等同本異譯者，誤也。今尋文異，故爲單本。」《大正藏》第五十五冊，頁 605a。此種看法亦被後來《貞元新定釋教目錄》所繼承。《大正藏》第五十五冊，頁 938a。

〔註 47〕例如黃連忠先生〈從《佛說盂蘭盆經疏》論宗密融會儒佛二教孝道思想拔濟鬼道業苦的文化意義與現代啓示（上）〉一文即寫道：「據筆者考證發現，現存於《大正藏》第十二冊，由竺法護所譯的《般泥洹後灌臘經》，其內容與《盂蘭盆經》迥異，故此《灌臘經》與《盂蘭盆經》毫無關係。」（《菩提樹》四十二卷四期，1994 年，頁 33）。

〔註 48〕氏著〈目連救母変文の源流〉，《仏教文學研究二》，頁 159～171。

〔註 49〕氏著《疑經研究》（京都大學人文科學研究所，1976 年），頁 49～50、84。

〔註 50〕得參見以下幾篇論文：藤野立然〈盂蘭盆經讀後〉，《竜谷大學論集》三五三號（1956），頁 304～345；池田澄達〈盂蘭盆經に就いて〉，《宗教研究》三卷一期（1926），頁 59～64；石上善應〈目連說話の系譜〉，《大正大學研究集要》第五十四期（1968），頁 1～24；剛部和雄〈盂蘭盆經類の譯經史的考察〉，《宗教研究》三十七卷三期（1964），頁 60～76；沢田瑞穂《地獄変：中國の冥界說》，京都：法藏館書店，1968 年，頁 130～133。

〔註 51〕Stephen F. Teiser, *The Ghost Festival in Medieval China*, p.48~49.

〔註 52〕《大正藏》卷五十二，頁 503a。持同樣看法者，尚有唐道宣《釋迦方志》卷二，《大正藏》卷四十九，頁 974a；唐道世《法苑珠林》卷一〇〇，《大正藏》卷五十三，頁 1052b；以及唐惠詳《弘贊法華傳》卷十，《大正藏》卷四十九，頁 42c。

〔註 53〕相州安陽（河南安陽）人，俗姓裴。該書爲義楚有感於儒家排佛之謬，於是仿白居易之六帖，編輯而成此書。約卒於開寶（968～975）年中，壽七十四。

以車日送，繼目連等。」〔註54〕當中尤以梁武帝大同四年說更是普遍流傳於中國民間。對於前述兩種說法，Teiser教授認爲由於缺乏佐證，只能將其視爲傳說。現存文獻中時代最早且具可信性者，宗懍（約498～561）《荊楚歲時記》足以將盂蘭盆會的最早舉行時間上溯至第六世紀中葉〔註55〕。關於這個問題，筆者認爲由於僧祐《出三藏記集》卷十二《法苑雜緣原始目錄》中《法寶集》中"盂蘭盆緣記第十七出目連問經"〔註56〕此條新材料的發現，應該予以重新討論。

綜觀上述研究成果，可以發現關於《盂蘭盆經》的若干基本問題仍舊未能完全釐清。當中尤以《盂蘭盆經》成立時間的斷定以及盂蘭盆會的最早舉行時間迄今仍未定案影響最大。其次《灌臘經》與《盂蘭盆經》以及《報恩奉盆經》之間的關係也還留有極大的討論空間。

### （三）目連故事內容的分析與探源

關於日本學界對於目連救母故事內容的分析與探源，在這方面較突出的的研究論文有以下幾篇：

1. 小川貫弌先生所發表的〈目連救母変文の源流〉一文。該文中小川先生除了有系統的整理了歷代經錄中提及目連救母的經典外〔註57〕，並仔細比對了龍谷大學收藏P.2185號《佛說淨土盂蘭盆經》中目連前生羅卜與青提母子故事內容的相關藏內源頭以及對於唐中葉以後目連變文故事的影響。根據小川的分析，盂蘭盆故事的源頭在於佛典中神通第一的目連本生故事的發達，因而出現了融合目連救母故事與僧團結夏自恣兩者於一的《盂蘭盆經》乃至《佛說淨土盂蘭盆經》。〔註58〕

---

〔註54〕《釋氏六帖》（台北：彌勒出版社，1982年），頁454。相同看法，可參見《太平廣記》卷三九一，鄭欽悦一事；及宋志磐在《佛祖統紀》卷三十七，《大正藏》卷四十九，頁450c～451a。

〔註55〕參見Teiser, *The Ghost Festival in Medieval China*, p.56。

〔註56〕《大正藏》卷五十五，頁91a。

〔註57〕例如文中即注意到了梁僧旻抄、寶唱編纂的《經律異相》卷十四「目連爲母造盆十一」記載了目連救母故事出《報恩奉盆經》；亦指出梁僧祐《出三藏記集》卷十二〈法苑雜緣原始目錄〉的《法寶集》曾載有「盂蘭盆緣記第十七出目連問經」，就作者看來，《盂蘭盆經》之所以會出現《盂蘭經》、《報恩奉盆經》、《目連問經》等不同版本、經名的情況，當即經典傳抄過程中所產生的筆誤所致（見氏著該文頁159～161）。

〔註58〕文中舉用了唐義淨《南海寄歸內法傳》卷四所記載，當時印度佛寺（七世

2. 石上善應先生發表的〈目連說話の系譜〉一文。該文的重要性在於石上先生藉由「目連の生涯」、「目連の他世界訪問譚」、「目連說話の経典の系譜」、「目連の救母傳說」、「目連に假託された経論の意味とその整理」等章節安排，對於目連故事的相關藏內源頭做了精彩詳細的介紹〔註 59〕。石上一文的內容，對於後來 Teiser 在寫作其 *The Ghost Festival in Medieval China* 第四章「神話學的背景」（Mythological Background）所細分的三個主題：目連的傳記（Mu-lien's biography），餓鬼（hungry ghosts）以及母親與僧侶（mothers and monks）明顯產生了一定影響力。

3. 吉岡義豐先生所著〈盂蘭盆経・目連変の原型話について〉一文。該文的創見，在於吉岡先生藉由比對《普廣經》、《盂蘭盆經》與《淨土盂蘭盆經》的經文，提出唐代變文中目連救母故事的源頭應該與《普廣經》中那舍長者故事非常密切〔註 60〕。除此之外，羅宗濤先生所提出的唐代目連變文中目連中文名字羅卜（Turnip）應是源於轉寫佛教著名譬喻故事優多羅救母緣中主角優多羅（Ulttara）名字時所發生的拼寫錯誤的說法〔註 61〕，對於學界爾後追溯盂蘭盆故事的相關藏內源頭助益不少。

## 三、問題所在

綜觀過去的研究，我們可以發現目前學界的研究內容集中於兩方面的討論：第一、關於《盂蘭盆經》經本、真偽以及盂蘭盆詞彙的詞源、意涵的研究；第二、集中於討論敦煌出土目連變文故事內容的分析研究。結果學界對於中國中古時期盂蘭盆會的討論大多集中在唐代及其以後的相關文獻。而忽略了第五、第六世紀關於盂蘭盆會早期發展的歷程。在唐代以前，佛教在中國的發展是多元且混亂的。僅利用唐代的材料不足以闡明盂蘭盆會在中國初

中）每年安居自恣行事內容作為說明。參見氏著〈目連救母変文の源流〉，頁159〜183。

〔註 59〕氏著〈目連說話の系譜〉，《大正大學研究集要》第五十四期，1968 年，頁 1〜24。

〔註 60〕收入氏著《吉岡義豐著作集》第二卷（東京：五月書房，平成元年），頁 143〜159。該文的另一個重點，在於提出《地藏本願經》中地藏救母故事與那舍長者故事之間的關係。

〔註 61〕羅宗濤《敦煌講經變文研究》（台北：文史哲出版社，1972 年），頁 239。

期發展的現象。我將就下面幾項在論文中加以說明：

## （一）文　本

上述的研究現況，傳遞了以下兩個重要訊息：第一、意味著日本學界之前關於盂蘭盆會的相關基礎研究，仍留有許多問題尚未完全解決。舉例來說，傳統經錄中之所以將《灌臘經》與《盂蘭盆經》視爲同本別譯，中間隱藏著四月八日浴佛會與盂蘭盆會之間的特殊關係，而這點關係著盂蘭盆會在中國的初期發展。第二、證明目前學界對於中國現存唐代以前盂蘭盆相關文獻的理解與掌握均有所不足。關於這點，學界未能善用梁僧祐律師《出三藏記集》中〈法苑雜緣原始目錄序〉的相關史料即是最明顯例證。此外，像是學界在引用《荊楚歲時記》時，只注意到關於盂蘭盆會的描述，卻忽略了文中所記載的節日中，尚有二月八日建八關齋戒、行城、四月八日龍華會、四月十五日結夏等與佛教有關的節日，即是出於對文獻理解的不夠完全。〔註62〕

## （二）有關儀式的發展

誠如 Teiser 在 *The Ghost Festival in Medieval China* 中所指出的，盂蘭盆會儀式中包含下列幾項主題：

### 1. 救　母

Teiser 指出，盂蘭盆會對於中國佛教發展最大的貢獻，在於藉由目連救母故事背後的孝道主題，使得佛教僧侶所扮演的角色得以從原本棄家絕親的不孝子形像轉變爲傳統祭祀中追薦亡親的重要媒介。而隨著盂蘭盆會的逐漸普及，則意味著僧侶藉由盂蘭盆會逐漸滲入一般中國家庭核心的事實。

### 2. 供　僧

供僧主題背後僧團三月安居這件事，Teiser 認爲僧侶經由三月安居修行所累積的超自然能力在自恣日當天的釋放，提供了僧俗之間彼此互惠交易的理論基礎。〔註63〕

上述兩點，無疑是 Tesier 書中非常重要的創見。然而疑點尚有：第一、Teiser 雖然在書中曾提到了盂蘭盆會儀式背後儒釋間關於喪儀上的衝突，但書中卻缺乏更進一步的論述。第二、關於佛教藉由盂蘭盆會，使得僧侶得以

---

〔註62〕更值得注意的是《荊楚歲時記》中幾乎不見涉及傳統祖先祭祀的內容，相較於東漢末成書的《四民月令》中幾乎月月皆有祭祖記載的安排，中間的變化，暗示著在佛教文化洗禮下荊楚地區日常生活的變遷。

〔註63〕見氏著 *The Ghost Festival in Medieval China*, ch.2, ch.7。

滲入一般家庭核心的說法，筆者以爲此說猶有一間。實際上，早在盂蘭盆會盛行之前的南北朝時期，佛教已經實現融入中國百姓日常生活的目標，只不過依靠更多的是造像、寫經、齋會等其他佛教重要儀式。第三、Teiser 書中關於僧團結夏安居的討論，由於錯將重點放在舉行時間的討論〔註64〕，致使Tesier 忽略了七月十五日之所以成爲僧團安居自恣的日子，完全是當初律典在翻譯時，翻譯者將"雨安居"理解爲"夏安居"。既是夏安居，依據中國的曆法，僧團安居的時間自然落到四月十五日至七月十五日。這意味著，七月十五日所以特殊，完全是由於這一天是僧團結夏的自恣日子，並非如 Teiser 所想像，還牽扯到中土傳統的七月節慶，或者時間上的刻意區隔〔註65〕。這一點，也是爲何 Teiser 雖然注意到了《佛說灌頂隨願往生十方淨土經》〔註66〕中那舍長者故事以及王琰（約 500）《冥祥記》慧達入冥故事皆提到了在七月十五日（僧團結夏自恣日）供養僧眾具有爲亡親薦亡追福的功能，卻未能進一步討論兩則故事背後更深一層涵意的原因。〔註67〕

　　根據筆者檢索目前學界的相關研究論文，發現到有許多重要材料是之前學界所忽略掉的。而這些材料，皆關係到最早期盂蘭盆會的發展情形。舉例來說，《冥祥記》所記載觀世音菩薩告知慧達：「凡爲亡人設福，若父母兄弟，爰至七世姻婭親戚朋友路人……七月望日，沙門受臘，此時設供彌爲勝也。若割器物以充供養，器器標題言：爲某人親奉上三寶，福施彌多，其慶愈速。」〔註68〕以及《普廣經》所載：「佛語長者今請諸聖眾，安居三月行道

---

〔註64〕 Teiser 在書中強調了中土僧團將安居自恣日訂於七月十五日，是依據中土曆法所刻意訂定的。根據 Teiser 的說法，這樣一個安排使得僧團的新年正好落於俗世新年六個月後(即半年)，造成與俗世曆法的截然相對。見 Teiser, *The Ghost Festival in Medieval China*, p.34~35。

〔註65〕 Teiser 書中根據中國幅員遼闊，認爲依據律典的記載，照理說中國佛教僧團的安居時間不應該定制於四月十五日至七月十五日。關於這點，完全是由於Teiser 忽略了中國早在秦始皇統一全國曆法後，即不再有所差異。在這樣一個背景下，一旦早期律典的翻譯將僧團安居理解成夏安居之後，僧團安居的時間也將因爲曆法的一致而定制於四月十五日至七月十五日。

〔註66〕 即《灌頂經》卷十一，收於《大正藏》卷二十一，頁 530b~531b。由於該卷經文的啓教者是普廣菩薩，該經又簡稱《普廣經》。本文以下，一律以《普廣經》稱之。

〔註67〕 那舍故事收在《大正藏》卷十一，《大正藏》卷二十一，頁 530b～531b；慧達入冥事收於道世《法苑珠林》卷八十六，《大正藏》卷五十三，頁919b～920b。並見 Teiser, *The Ghost Festival in Medieval China*, p.133~134。

〔註68〕 《法苑珠林》卷八十六懺悔篇感應緣，《大正藏》卷五十三，頁919c。

欲竟，可還家中作百味飲食之具，種種甘美。以好淨器，盛持供養。及好衣
服，種種華香。金銀珍寶，雜碎供具，以施於僧。令汝得福，使汝父母解脫
此難，不復更受餓鬼形也。」〔註69〕由於這兩條材料出現的時間剛好正值盂
蘭盆會的醞釀期〔註70〕，意味著早在盂蘭盆會舉行之前，人們已經開始注意
到七月十五日在佛教年中行事中的特殊意義。此外，若將這兩段文字與《灌
臘經》此段經文相對照，「七月十五日，自向七世父母、五種親屬，有墮惡道
勤苦劇者。因佛作禮福，欲令解脫憂苦，名為灌臘。」〔註71〕將越發證明了
上述幾部佛典不約而同的強調七月十五日作為僧團結夏自恣日的為亡者追福
的特殊功效，絕非僅是一種巧合。〔註72〕

　　除此之外，筆者再舉一條之前學界皆未曾注意到的材料，即華嚴宗二祖
智儼（602～668）所集《華嚴經內章門等雜孔目章》中曾提到十種檢驗往生
的方法。其中第四種方法是「依盂蘭盆法，依那舍長者起教，造盂蘭盆。依
教成者，驗得往生。」〔註73〕很顯然，智儼已將《普廣經》中那舍長者故事
內容等同於《盂蘭盆經》中目連的造盆救母，也意味著盂蘭盆會與當時淨土
思想的結合〔註74〕。據此，則隋末唐初《淨土盂蘭盆經》的出現，就不至於
令人太過於驚訝了。〔註75〕

　　長期以來，當學者根據法顯、玄奘、義淨等西行求法僧的著作當中，皆
不曾提及任何西國佛教舉行盂蘭盆會的記載，於是主張盂蘭盆會乃佛教為調
適中國特有的儒家孝道觀念所產生的中國佛教獨有的宗教節慶的同時，這些
學者似乎都忽略了盂蘭盆會儀式中最原始的一項本質即是每年僧團最重要的
年中行事──三月安居此一部分。除去了僧團安居，目連救母故事將失去佛

〔註69〕《灌頂經》卷十一，《大正藏》卷二十一，頁531b。
〔註70〕王琰《冥祥記》的成立時間大約在公元500年左右，至於《灌頂經》的成立
　　　　時間，依據僧祐《出三藏記集》卷五〈新集疑經偽撰錄〉中記載，其成立時
　　　　間應該在宋孝武帝大明元年（457年）左右。
〔註71〕《大正藏》第十二卷，No.391，頁1114b。
〔註72〕除此之外，收於今《大正藏》第一卷，題為西晉竺法護譯《受新歲經》以及
　　　　題為東晉竺曇無蘭譯《新歲經》兩部佛典，它們的成立時間亦是在此前後。
〔註73〕唐智儼，《華嚴經內章門等雜孔目章》卷四，《大正藏》第四十五卷，頁577a。
〔註74〕必須特別注意的是，智儼並非一般僧人，其看法在相當程度上代表了部分當
　　　　時中國佛教界的觀點。
〔註75〕《普廣經》與《淨土盂蘭盆經》之間的關係，誠如吉岡義豐教授所指證的，《淨
　　　　土盂蘭盆經》經中部分內容確實汲取自《普廣經》的經文（參見氏著〈盂蘭
　　　　盆経‧目連変の原型話について〉，頁152～153。

教所賦予的表演舞台，自然也失去儀式背後完整的理論基礎。事實上，若研究者能夠將盂蘭盆會的舉行日期七月十五日這天拆作幾個部份加以分析，將發現在七月十五日其實同時包含了三個佛教行事於內：第一、十五日是六齋日之一。第二、十五日本身亦是僧團每月兩次布薩（poṣadha）說戒的齋日之一。第三、作爲僧團結夏自恣的七月十五日，其實即是佛教內部非常重要的大齋日。根據這樣一個觀念，則唐代著名求法僧義淨所著《南海寄歸內法傳》卷二，關於當時（第七世紀）印度僧團自恣日的描寫：

> 凡夏罷歲終之時……必須於十四日夜，請一經師，昇高座，誦佛經。于時俗士雲奔，法徒霧集，燃燈續明，香華供養。明朝惣出，旋繞村城，各並虔心，禮諸制底〔註76〕。棚車輿像，鼓樂張天，幡蓋縈羅，飄揚蔽日，名爲三摩近離〔註77〕，譯爲和集。凡大齋日，悉皆如是，即是神州行城法也。禺中始還入寺，日午方爲大齋。〔註78〕

相較於百餘年後圓仁《入唐求法巡禮行記》所記載唐文宗開成五年（840年）太原府的盂蘭盆會盛況：

> 十五日赴四眾寺主請，共頭陀等到彼寺齋。齋後入度脫寺，巡禮盂蘭盆會。及入州見龍泉，次入崇福寺，巡禮佛殿閣下諸院，皆鋪設張列，光彩映人。供陳珍妙，傾城人盡來巡禮。黃昏自恣。〔註79〕

兩者之間存在的唯一差別，不過是名稱上的差異罷了。

此外，根據法顯《佛國記》所記載"竭叉國"僧團安居的情形：

> 值其國王作般遮越師〔註80〕。般遮越師，漢言五年大會也。會時請四方沙門皆來雲集。集已，莊嚴僧眾坐處，旋繒幡蓋，作金銀蓮華，著繒坐後，鋪淨坐具，王及群臣，如法供養。或一月二月，或在三月，多在春時。王作會已，復勸諸群臣設供供養，或一日二日，三日五日。……其地山寒，不生餘穀，唯熟麥耳。眾僧受歲已，其晨則霜，故其王每贊眾僧令麥熟然後受歲。〔註81〕

---

〔註76〕制底，梵文caitya，有"積聚義"，即塔的意思。

〔註77〕梵文sāmagrī。

〔註78〕《大正藏》卷五十四，頁217b。

〔註79〕《入唐求法巡禮行記》卷三，開成五年（840）七月十五日條（台北：文海出版社），頁76。

〔註80〕即「般遮于瑟」，漢翻爲「無遮大會」。

〔註81〕《佛國記》「七到于闐國」，《大正藏》第五十一卷，頁857c。

將發現該國僧團三月安居累積的超自然能力的釋放對象，不同於我國盂蘭盆會的追薦親亡而是主要在於"令麥熟"的農事上。"竭叉國"的例子告訴了我們，僧團自恣日所受的重視，放諸所有佛教國家皆然。其差異處在於名稱以及儀式內容會隨著傳教地區的民情風俗而有所調整。

　　學界在引用《顏氏家訓·終制篇》「若報罔極之德、霜露之悲，有時齋供，及七月半盂蘭盆，望於汝也。」〔註 82〕此段文字作爲北朝仕人已開始舉行盂蘭盆會的證據的同時，通常忽略了"有時齋供"的重要性。文中"有時齋供"所指，依據史書的記載，應與《陳書·姚察傳》所載姚察遺命子孫在其死後「每日設清水，六齋日設齋食果菜。」同義〔註 83〕。所指即希望子孫在每月六齋日齋僧並持八關齋戒以追冥福。〔註 84〕

　　檢閱《顏氏家訓·終制篇》原文，顏之推之所以提到齋供與七月十五日盂蘭盆，主要是作爲前面「四時祭祀，周孔所教，欲人勿死其親，不忘孝道也。求諸內典，則無益焉。」的呼應。根據顏之推的觀點，儒家所強調的四時祭祀不過是聖人基於欲人勿死其親，不忘孝道所立下的禮儀。若依據佛教的教義而言，四時祭祀並不存在任何實際的功效。是以，顏之推告誡其子孫，若眞的欲報父母"罔極之德、霜露之悲"的話，唯有透過"有時齋供"以及"七月半盂蘭盆"才是眞正有效的行爲。就顏之推而言，"有時齋供"和"七月半盂蘭盆"的薦亡追福功效是一樣的。由於"齋供"即信徒齋日時的供僧，根據當時信徒普遍在六齋日舉行齋供的歷史背景可以發現，盂蘭盆會的

〔註 82〕 清趙曦明注、盧文弨補，《顏氏家訓》卷第七，終制第二十（台北：藝文印書館，1967 年），頁 379。
〔註 83〕 《陳書》卷二十七〈姚察傳〉，頁 352～353。
〔註 84〕 《魏書·崔挺傳》載崔挺死後，光州故吏爲其「鑄八尺銅像於城東廣因寺，起八關齋，追奉冥福。」（《魏書》卷四十五，〈崔挺傳〉，頁 1266）崔挺故舊爲其追福的方法除了鑄像之外，同樣是選擇在齋日齋僧並受持八關齋戒以資追福。此處必須注意的是，依據佛教教義，齋供的時間除了上述的每月六齋日外，尚有每年三月各十五日的"三長齋月"。三長齋月的時間，依據《法苑珠林》引《提謂經》指每年正、五、九三個月（《大正藏》第五十三卷，頁 932b～c）。此外，佛教內部亦將此月六齋與三長齋合稱爲"九齋"。得參見日本名古屋七寺藏《淨度三昧經》卷二（牧田諦亮監·落合俊典編《七寺古逸經典研究叢書》第二卷《中國撰述經典（其之二）》，東京：大東出版社），以及《辯正論》引《淨土經》（《辯正論》卷一，《大正藏》卷五十二，頁 495b）。關於這點，《續高僧傳》卷二十六〈法凝傳〉所載：「凝以童子，在先得度。專心持戒，道德日新。月六、年三，齋供不斷。」可資證明（《大正藏》卷五十，頁 678b）。

舉行日期七月十五日當天，同樣包含於每個月的六齋日之一〔註 85〕。關於這點，郗超（336～377）《奉法要》關於佛教齋日的解釋：「齋者普爲先亡，見在知識親屬，並及一切眾生，皆當因此至誠，玄想感發。心既感發，則終免罪苦。是以忠孝之士，務加勉勵，良以兼拯之功，非徒在己故也。」〔註 86〕與《日本書記》卷二十二，推古天皇十四年（AD.606）條：「自是年初每寺，四月八日七月十五日設齋。」〔註 87〕以及敦煌文書 P.2807《七月十五日夏終設齋文》〔註 88〕的強調"夏終設齋"皆印證了盂蘭盆會本身即包含齋日的性質於內，只不過七月十五日當天由於是僧團結夏自恣日成了規模更大的齋會而已。〔註 89〕

## 四、章節安排

論文將就上述幾點，分成幾個章節予以討論。

在第二章，筆者將利用藏內相關文獻，嘗試就歷代經錄中所存在關於《盂蘭盆經》的問題加以深入討論。除此之外，本章亦會針對文獻中盂蘭盆會最早舉行時間此一問題加以討論。

在第三章，筆者將利用相關文獻重建當時盂蘭盆會的儀式內容與過程。僧團安居儀式將是本章主要研究重點。該章最後，筆者將提出《盂蘭盆經》經文內容所存在的部分問題。

盂蘭盆會之所以能成功的在中國這塊土壤取得廣大的共鳴，有很大的原因乃是得助於《盂蘭盆經》的主角目連。是以在第四章，筆者將在 Teiser 該文的基礎上，繼續討論目連在盂蘭盆故事中所扮演的關鍵角色。本章將藉由目

〔註85〕 六齋日依據《十誦律》所載，即指信徒於每月的八日、十四日、十五日、二十三日、二十九日、三十日等六天，受持八關齋戒一日。《十誦律》卷五，《大正藏》第二十三卷，頁 420c。

〔註86〕 《弘明集》卷十三，《大正藏》卷五十二，頁 86b。

〔註87〕 《日本書記》（東京：岩波書店，1967 年），頁 187。

〔註88〕 引自郝春文〈唐後期五代敦煌僧尼的修習活動〉，《中國佛學》一卷一期，1998年。不過郝氏將此篇願文理解爲「有的僧人還在七月十五日夏終之日出資設齋祈福。」（前引文，頁 296）明顯與事實有所差距。

〔註89〕 這也是爲何宋志磐《佛祖統紀》將梁武帝大同四年所設盆供稱爲"設盂蘭盆齋"（《大正藏》卷四十九，頁 451a）。而宋陳元靚《歲時廣記》"祭父母"條所引《韓琦家式》：「近俗七月十五日，有盂蘭盆齋會者。」將盂蘭盆會稱爲盂蘭盆齋會的主要原因。轉引於永井政之，〈中國仏教と民眾：歲時記にあらわれた佛教（三）〉，《駒澤大學仏教部研究紀要》第四十五號，昭和 62 年，頁 238。

連故事與優多羅母故事、那舍長者故事的比較，說明爲何在唐代以後民眾普
遍將所有在七月十五日舉行的供僧行爲皆歸類於盂蘭盆會。

第五章爲本書結論以及筆者個人對此研究議題的未來展望。

# 第二章　盂蘭盆文獻

　　根據目前學界的研究內容顯示，歷代經錄中存在關於《盂蘭盆經》的問題主要有以下幾項：第一、《盂蘭盆經》的版本問題。第二、盂蘭盆會相關文獻在中國的成書年代。至於《盂蘭盆經》的譯者問題，由於目前學界已大致取得共識，認爲該經本爲失譯經典，並不存在譯者的問題，此處即不再贅述。僅針對前述的問題加以討論。此章將分成下列幾節討論相關文獻問題。

## 第一節　《盂蘭盆經》與《灌臘經》、《報恩奉盆經》的關係

　　有關《盂蘭盆經》與《灌臘經》、《報恩奉盆經》三者之間的關係，過去經錄有兩種說法：第一、費長房《歷代三寶記》所提出的「同本別譯」說。此一說法，一直爲其他經錄所承繼。第二、智昇《開元釋教錄》所提出，「右此灌臘經大周等錄皆爲重譯云與盂蘭盆經等同本異譯者誤也今尋文異故爲單本」〔註1〕，認爲《灌臘經》的內容根本與《盂蘭盆經》沒有關係，《貞元新定釋教目錄》亦採用了智昇的新見解〔註2〕。費說才因而遭到揚棄。

　　除此之外，由於寶唱主編《經律異相》（516）中「目連造盆故事」的引用經文節引於《報恩奉盆經》而非《盂蘭經》一事〔註3〕，使得《盂蘭盆經》

---

〔註1〕　《大正藏》卷五十五，頁605a。
〔註2〕　《大正藏》卷五十五，頁938a。
〔註3〕　《經律異相》卷十四，「目連爲母造盆」，《大正藏》第五十三卷，頁73c～74a。

與《報恩奉盆經》之間的關係亦是學者討論的焦點之一。以下筆者即針對這兩個部分加以討論。

## 一、《灌臘經》與《盂蘭盆經》、《報恩奉盆經》的關係

究竟《灌臘經》與《盂蘭盆經》、《報恩奉盆經》之間的關係，確如費常房所說屬於"同本別譯"的關係？抑或如智昇所判定，三者之間並不存在同本異譯的問題？要想釐清三者之間的關係，藉由經文的相互比對當是最直接也最有效的方式。經由仔細比對三經之後，筆者意外發現到，《灌臘經》經文中：

> 七月十五日，自向七世父母、五種親屬，有墮惡道勤苦劇者。因佛作禮福，欲令解脫憂苦，名爲灌臘。〔註4〕

此段經文與《盂蘭盆經》：

> 佛告目連：「十方眾生，七月十五日，僧自恣時，當爲七世父母及現在父母厄難中者，具飯、百味、五果、汲灌、盆器、香油、錠燭、床敷、臥具、盡世甘美以著盆中，供養十方大德眾僧。……現世父母、六親眷屬，得出三塗之苦應時解脫，衣食自然。若父母現在者，福樂百年；若七世父母生天，自在化生，入天華光。」〔註5〕

以及《報恩奉盆經》：

> 佛告目連：「七月十五日當爲七世父母在厄難中者，具糅飯五果、汲灌盆器、香油庭燭、床榻臥具，盡世甘美以供養眾僧……其有供養此等之眾，七世父母、五種親屬，得出三塗應時解脫衣食自然。」〔註6〕

確實存在極相似的地方。（一）三部經文都提到了作爲僧團結夏自恣（受臘）的七月十五日此一日期。（二）三部經文中都涉及了關於爲"七世父母"追福薦拔的內容。據此，則當初《灌臘經》之所以被視爲《盂蘭盆經》的同本別譯，並非如智昇所說的兩者之間無任何直接關係。可以推斷，費常房之所以將《灌臘經》視爲《盂蘭盆經》的同本別譯，其著眼點應即兩者經文中都提到了七月十五日作爲僧團自恣大齋日所具有追福薦亡功能此一背景上。（三）有關"五種親屬"，根據《灌臘經》與《報恩奉盆經》的經文中皆使用了"五

---

〔註4〕　《大正藏》第十二卷，頁 1114b。
〔註5〕　《大正藏》第十六卷，頁 779b。
〔註6〕　《大正藏》第十六卷，頁 780a。

種親屬"此一詞彙，不同於《盂蘭盆經》中所使用的"六親眷屬"，關於這點，絕非僅僅是巧合所能加以解釋的。

　　"五種親屬"此一用語，明顯非中文習慣用語。而且據筆者檢閱藏內相關佛典，發現到"五種親屬"此種用法，包括《灌臘經》與《報恩奉盆經》在內，主要出現在：後漢世安世高譯《七處三觀經》（T.1, 878b）、吳支謙譯《佛說四願經》（T.17, 537a）、西晉法炬譯《頂生王故事經》（T.1, 823c）、《佛說灌洗佛形像經》（T.16, 797a），以及西晉竺法護譯《佛說無言童子經》（T.13, 523a）等五部西晉以前翻譯的佛典中。在《佛說灌洗佛形像經》中，我們讀到如下經文：「所以用四月八日者……正是佛生之日。諸善男子善女人，於佛滅後，當至心念佛無量功德之力，浴佛形像，如佛在時。得福無量，不可稱數。……今日賢者某甲皆爲慈心好意，信佛道欲求度脫。持種種香花，浴佛形像。皆七世父母、五種親屬、兄弟妻子在厄難中，爲十方五道中勤苦故。」〔註7〕除了浴佛時間爲四月八日的差異外，此段經文可以說和前引《灌臘經》與《報恩奉盆經》的內容極爲相像。關於這點，筆者以爲《灌臘經》可能是在《佛說灌洗佛形像經》的基礎上增添七月十五日僧團夏滿增臘此一內容所完成的新經典。其目的在於藉由將僧團結夏自恣與浴佛會的並置，抬昇僧團結夏安居在一般民眾中的地位（詳後第三章）。而《報恩奉盆經》則可以視爲僧團安居的神聖地位獲得確立後，在去掉浴佛情節並增添目連故事所成立的佛典。〔註8〕

　　至於爲何會出現"五種親屬"與"六親眷屬"兩種不同的用語，據筆者檢閱《七處三觀經》：「亦從父母得愛敬難。兄弟亦敬難。妻子亦敬難。兒從奴婢亦敬難。知識邊人亦敬難。五種親屬皆敬難。」〔註9〕《佛說四願經》：「父母、兄弟、妻子，五種親屬。」〔註10〕以及《經律異相》：「念我父母諸家兄

〔註7〕　《大正藏》第十六卷，No.695，頁757a。

〔註8〕　將四月八日浴佛與七月十五日僧團自恣同樣視爲佛教年中最重要節日的此一傾向，北魏孝文帝太和十六年（492）詔令：「每年四月八日、七月十五日。聽大州一百人爲僧尼。中州五十下州二十人。著令以爲常准。」（《廣弘明集》卷二，引《魏書·釋老志》，《大正藏》卷五十二，頁104a）以及唐法琳《辯正論》卷三所云：「齊太祖高皇帝……四月八日常鑄金像。七月十五日，普寺送盆，供養三百名僧。」（《大正藏》卷五十二，頁503a）即是例證。

〔註9〕　《大正藏》卷一，頁878b。

〔註10〕　《大正藏》卷十七，頁537a。

弟中外五種親屬。」此三部經文內容，發現到"五種親屬"一詞主要用於形容個人父母、兄弟、妻兒等血親。相較於宗密《佛說盂蘭盆經疏》對"六親眷屬"的解釋：「六親者，父母、兄弟、夫妻。眷屬者，一切姻戚通於表裏。」〔註11〕兩者在內容上並無太大出入，應該是佛典翻譯下所造成的文字差異。

## 二、《盂蘭盆經》與《報恩奉盆經》的關係

由於《盂蘭盆經》與《報恩奉盆經》是盂蘭盆會的基本佛典，加上兩部經文的長度並不很長，過去學者對這兩部短經所做的比對與分析，一致認為《報恩奉盆經》應該是《盂蘭盆經》節本。對此，筆者不表贊同。以下即將兩部經文對照於下：

| 《盂蘭盆經》 | 《報恩奉盆經》 |
|---|---|
| 聞如是。一時佛在舍衛國祇樹給孤獨園。大目犍連始得六通，欲度父母，報乳哺之恩。即以道眼觀視世間，見其亡母生餓鬼中，不見飲食，皮骨連立。目連悲哀，即以缽盛飯，往餉其母。母得缽飯，即以左手障缽，右手搏食，食未入口，化成火炭，遂不得食。目連大叫，悲號涕泣，馳還白佛，具陳如此。佛言：「汝母罪根深結，非汝一人力所奈何。汝雖孝順，聲動天地、天神地祇、邪魔外道、道士、四天王神，亦不能奈何。當須十方眾僧威神之力乃得解脫。吾今當說救濟之法，令一切難皆離憂苦。」 | 聞如是。一時佛在舍衛國祇樹給孤獨園。大目犍連始得六通，欲度父母，報乳哺之恩。即以道眼觀視世間，見其亡母生餓鬼中，不見飲食，皮骨相連柱。目連悲哀即缽盛飯，往餉其母。母得缽飯，便以左手障飯右手搏食。食未入口，化成火炭，遂不得食。目連馳還白佛，具陳如此。佛告目連：「汝母罪根深結。非汝一人力所奈何。當須眾僧威神之力。乃得解脫。吾今當說救濟之法。令一切難皆離憂苦。」 |
| 佛告目連：「十方眾生，七月十五日，僧自恣時，當為七世父母及現在父母在厄難中者，具飯百味、五 | 佛告目連：「七月十五日，當為七世父母在厄難中者，具麨飯五果、汲灌盆器、香油庭燭床榻臥具。盡 |

〔註11〕《大正藏》卷十四，頁 511b。

果、汲灌盆器、香油錠燭、床敷臥具、盡世甘美，以著盆中，供養十方大德眾僧。當此之日，一切聖眾或在山間禪定、或得四道果、或在樹下經行、或六通自在教化聲聞緣覺、或十地菩薩大人，權現比丘，在大眾中，皆同一心受缽和羅飯，具清淨戒，聖眾之道其德汪洋。其有供養此等自恣僧者，現世父母、六親眷屬，得出三塗之苦，應時解脫，衣食自然。若父母現在者，福樂百年。若七世父母生天、自在化生、入天華光，受無量快樂。」

時佛敕十方眾僧，皆先為施主家咒願，願七世父母行禪定意，然後受食。初受食食時，先安在佛前，塔寺中佛前，眾僧咒願竟，便自受食。時目連比丘及大菩薩眾皆大歡喜，目連悲啼泣聲，釋然除滅。時目連母即於是日，得脫一劫餓鬼之苦。

目連復白佛言：「弟子所生母，得蒙三寶功德之力，眾僧威神力故。若未來世，一切佛弟子，亦應奉盂蘭盆，救度現在父母，乃至七世父母，可為爾否？」

佛言：「大善快問！我正欲說，汝今復問。善男子！若比丘比丘尼、國王太子、大臣宰相、三公百官、萬民庶人，行慈孝者，皆應先為所生現在父母、過去七世父母，於七

世甘美，以供養眾僧。當此之日，一切聖眾或在山間禪定、或得四道果、或樹下經行、或得六通飛行，教化聲聞緣覺，菩薩大人權示比丘皆共同心受缽和羅。具清淨戒，聖眾之道其德汪洋。其有供養此等之眾，七世父母、五種親屬，得出三塗，應時解脫，衣食自然。

佛敕眾僧，當為施主家七世父母，行禪定意，然後食此供。

月十五日、佛歡喜日、僧自恣日、
以百味飯食，安盂蘭盆中，施十方
自恣僧，願使現在父母，壽命百年
無病、無一切苦惱之患，乃至七世
父母離惡鬼苦，生人天中，福樂無
極。是佛弟子修孝順者，應念念
中，常憶父母，乃至七世父母。年
年七月十五日，常以孝慈，憶所生
父母，為作盂蘭盆，施佛及僧，以
報父母長養慈愛之恩。若一切佛弟
子，應常奉持是法。」

爾時目連比丘、四輩弟子，歡喜奉
行。〔註12〕

目連比丘及一切眾，歡喜奉行。
〔註13〕

根據經文比對，可以發現《報恩奉盆經》的文字雖然不到《盂蘭盆經》一半，然而整部經文無論是架構或者內容皆很完整。此外前面已經提過，兩部經文中"五種親屬"與"六親眷屬"的差異，足以證明《報恩奉盆經》絕非《盂蘭盆經》的節本。

再者，若仔細閱讀《盂蘭盆經》經文，將發現經文雖然在內容上增添不少，卻也造成經文內容的重複以及上下文無法順利銜接的問題。舉例來說，《盂蘭盆經》經文中將"七世父母"增添了"七世父母"與"現在父母"，以及"若父母現在"與"七世父母生天"的分別，反而造成讀者在理解上的困難〔註14〕。而經文中「時目連母即於是日，得脫一劫餓鬼之苦。」顯然與經文中所宣稱的「七世父母生天，自在化生，入天華光。」相違背〔註15〕。也造成經文後面目連的宣說「弟子所生母，得蒙三寶功德之力，眾僧威神力故。」銜接上的不自然。〔註16〕

---

〔註12〕《大正藏》卷十六，No.685，頁779a～779c。
〔註13〕《大正藏》卷十六，No.686，頁780a。
〔註14〕例如，宗密《盂蘭盆經疏》卷二還特地解釋，「現世父母者，生此身父母也，非謂未亡名為現世。」《大正藏》第三十九卷，頁511b。
〔註15〕關於此問題，本文第三章第三節將有所討論。
〔註16〕關於這點，筆者以為當當時傳抄將"一切"誤為"一劫"所致。如果是「時目連母即於是日，得脫一切餓鬼之苦。」的話，則經文上下的銜接則不會令

　　寶唱主編《經律異相》（516）中曾節引《報恩奉盆經》，並稱其為《盂蘭經》一事〔註17〕，間接證明了僧祐《出三藏記集》卷〈新集續撰失譯雜經錄〉所註明的“盂蘭經一卷”〔註18〕，即寶唱所引的《報恩奉盆經》〔註19〕。綜合上述的討論，可確定《報恩奉盆經》並非《盂蘭盆經》的節本。此外，《經律異相》的引用《報恩奉盆經》而非《盂蘭盆經》也說明了至少在當時江南地區所通行的經本是《報恩奉盆經》。

## 第二節　文獻中盂蘭盆會最早出現時間

　　中國現存文獻中，關於盂蘭盆會最早舉行的時間究竟可以追溯至何時，學界迄今並無定論。現存文獻中，唐法琳（572～640）《辯正論》所記載的齊高帝（479～483）說〔註20〕以及宋志磐《佛祖統紀》所提出的梁武帝大同四年（538）說〔註21〕，是兩種最早的說法。但是 Teiser 將這兩種說法以「缺乏佐證」（lack of corroborating evidence）為由，認為只能視為傳說而不予採納。其根據宗懍（約 498～561）《荊楚歲時記》：「七月十五日、僧尼道俗、悉營盆供諸佛。」〔註22〕以《荊楚歲時記》的寫作時間為準，作為盂蘭盆會在中國最早舉行時間的下限。〔註23〕

　　然而除《荊楚歲時記》外，我們尚可找到以下材料：第一、Teiser 在提及梁武帝大同四年說時，漏引了年代更早的五代義楚（編纂時間約 945～954）《釋氏六帖》卷二十二“武帝送盆”條：「弘明云：梁武帝每於七月十五日普寺送盆供養，以車日送，繼目連等。」的記載〔註24〕。第二、Teiser 在引用

---

　　　　　人有太突兀的感覺。
〔註17〕　《經律異相》卷十四，「目連為母造盆」，《大正藏》第五十三卷，頁 73c～74a。
〔註18〕　《大正藏》卷五十五，頁 28c。
〔註19〕　寶唱為僧祐弟子，其編轉相關佛教類書本是繼承乃師志業。
〔註20〕　法琳在《辯正論》記載齊高帝：「七月十五日，普寺送盆，供養三百名僧。」《大正藏》卷五十二，頁 503a。
〔註21〕　志磐在《佛祖統紀》卷三十七提到梁武帝於大同四年：「幸同泰寺，設盂蘭盆齋。」《大正藏》卷四十九，頁 450c～451a。
〔註22〕　寶顏堂秘籍本，頁 30。轉引永井政之，〈中國仏教と民眾：歲時記にあらわれた佛教（二）〉，《駒澤大學仏教部研究紀要》第四十四號，昭和 61 年，頁 244。
〔註23〕　Teiser, *The Ghost Festival in Medieval China*, p.56~57.
〔註24〕　《釋氏六帖》（台北：彌勒出版社），頁 454。同樣的說法，亦見存《太平廣記》卷三九一引《異聞集》的「鄭欽悅」條。

法琳《辯正論》所提齊高帝說，未曾註明唐道宣（650）《釋迦方志》〔註25〕、唐道世（668）《法苑珠林》〔註26〕、唐惠詳（667）《弘贊法華傳》〔註27〕皆同樣記載了此項說法〔註28〕。第三、書中雖然注意到歷代經錄中最早記載《盂蘭盆經》的是梁僧祐（445～518）《出三藏記集》卷四〈新集續撰失譯雜經錄〉所註明的"盂蘭經一卷"〔註29〕，然而書中卻漏引了同書卷十二《法苑雜緣原始目錄》中《法寶集》所記載的「盂蘭盆緣記第十七。出目連問經」〔註30〕此條非常珍貴的史料。

　　根據僧祐〈法苑雜緣原始目錄序〉的說法，僧祐當時寫作《法苑雜緣原始目錄》的動機是有感於「講匠英德，銳精於玄義；新進晚習，專志於轉讀。遂令法門常務，月修而莫識共源；僧眾恒儀，日用而不知其始。不亦甚乎！」面對當時許多僧侶對於僧團每天行事的經典源頭完全陌生的一個情況，僧祐感到非常痛心，故而「檢閱事緣，討共根本，遂綴翰墨，以藉所好，庶辯始以驗末，明古以證今。」寫成該書。雖然《法苑雜緣原始目錄》的實際內容今日已經佚失，但整個目錄還是完整的保存了下來，此目錄保存了當時江南僧團的年中行事，尤其是僧祐在目錄中所註明的出處經名，更是今日學者藉以瞭解當時僧團主要行事及所憑藉經典的最珍貴史料。

　　是以，祐錄中「盂蘭盆緣記第十七。出目連問經」此條文字證實了，在僧祐所處時代，當時的僧團已經開始舉行盂蘭盆會〔註31〕。而考諸《出三藏

〔註25〕《釋迦方志》卷二：「齊太祖高帝（手寫法華口誦般若。四月八日常傳金像。七月半白普寺送盆供僧三百。造陟屺、正觀二寺）」。《大正藏》卷四十九，頁974a。

〔註26〕《法苑珠林》卷一〇〇興福部第五：「齊太祖高帝手寫法華，口誦般若，四月八日常鑄金像，七月十五日普寺造盆，供僧三百，造陟屺、止觀二寺。」《大正藏》卷五十三，頁1052b。

〔註27〕《弘贊法華傳》卷十：「齊大祖高皇帝……每七月十五日，普寺送盆，供僧三百。朔望之日，不許殺生。又以萬機之暇，手寫法花，莊嚴傑異，恒申供養。」《大正藏》卷五十一，頁42c。

〔註28〕對於這樣一個現象，不能將其簡單視為唐代僧侶著書時彼此傳抄所造成的結果，而應該進一步追問這樣一個說法究竟是在怎樣一個背景下取得了普遍認同。

〔註29〕《大正藏》卷五十五，頁28c。

〔註30〕《大正藏》卷五十五，頁91a。

〔註31〕此處必須注意的是，僧祐所註明的經典出處並非寶唱《經律異相》所引用的《盂蘭經》，而是《目連問經》。而這樣則意味著，僧祐當時寫作時所看到的《盂蘭盆經》的版本，在《盂蘭經》外尚有《目連問經》的存在。只是根據

紀集》寫作時間介於齊明帝建武年間（494～497）與天監十六年（517）之間〔註32〕。以及寶唱《經律異相》〔註33〕「目連爲母造盆」的引用《報恩奉盆經》〔註34〕，再考量當時整個南朝的奉佛背景（尤以梁武帝更是中國歷代最虔誠的奉佛天子），則上述齊高帝說與梁武帝說並非完全出於臆說。

　　雖然目前的文獻資料，尚不足以確定齊高帝（479～483）開始造盆之說確爲史實，我們仍然可以推測在那段時期，盂蘭盆會已經開始流傳，遂有《釋氏六帖》及《佛祖統紀》梁武帝七月十五日普寺送盆供養的記載。此外，關於《釋氏六帖》註明材料引自《弘明集》一事，雖然筆者檢閱現存《弘明集》，並不見有同樣記載。然而根據上述的討論，義楚此條材料抄自僧祐所著《弘明集》的可能性確實是存在的。

　　此外，《太平廣記》卷三九一引《異聞集》〔註35〕，"任昇之"條：

> 天寶中，有商洛隱者任昇之，嘗貽右補闕鄭欽悦書曰：「……昇之五代祖仕梁爲太常，初住南陽王帳下，於鍾山懸岸坡壙之中得古銘，不言姓氏。……大雨之後，才墮而獲，即梁武大同四年。數日，遇盂蘭大會，從駕同泰寺，錄示史官姚菨並諸學官。〔註36〕

提到天寶中（742～756）有任昇之致書鄭欽悦，告知其五代祖仕梁時拾獲古銘的經過。此段文字的重要性，在於文中提到其五代祖是在梁武帝大同四年拾獲此一古銘，而且於數日後「遇盂蘭大會，從駕同泰寺。」此段記載，不妨將其視爲梁武帝造盆說在唐代已廣爲流傳的證明。

---

筆者檢閱藏内相關資料。
〔註32〕參閱蘇晉仁、蕭鍊子點校本《出三藏紀集》序言中（三）撰寫年代（北京：中華書局，1995 年），頁 9～11。
〔註33〕據寶唱所寫序文，《經律異相》的寫作時間介於梁天監七年（508）與天監十五年（516）。《大正藏》卷五十三，頁 1a。
〔註34〕《經律異相》卷十四，「目連爲母造盆十一」，《大正藏》卷五十三，頁 73c～74a。全文見附錄三。
〔註35〕《異聞集》，據《新唐書‧藝文志》記載，爲唐末陳漢編著，原書共十卷，已佚。
〔註36〕《太平廣記》冊八（北京：中華書局，1961 年），頁 3128～3129。

# 第三章 盂蘭盆會儀式的重構與問題所在

盂蘭盆會是根據《盂蘭盆經》，仿效經中目連救母的模式，藉由七月十五日供養十方僧眾此一行為，來追福、追薦包括自己的生身父母乃至七世父母、六親眷屬的一項宗教儀式。然而，綜觀目前學界的相關研究，甚少涉及此一方面的討論。有鑑於此，本章以下筆者將依據經文以及相關文獻的輔助，嘗試重構盂蘭盆會的儀式內容，並就其中部分問題加以提出討論。

## 第一節　經文中所闡述的盂蘭盆會

### 一、法會的經典基礎

根據《盂蘭盆經》，目連救母故事大致如下：目連在證得阿羅漢果具三明六通後，以其道眼（即天眼）見到自己母親正墮於餓鬼道受苦，於是目連運用神通，親自拿著鉢飯想要讓母親得食。可是目連母親由於餓鬼報身的關係，並無法進食。目連在束手無策的情況下，急忙尋求佛陀的援助。最終佛陀告知目連，唯有仰仗三月安居，自恣完十方眾僧（即僧團）的威神之力，他的母親方有濟脫的可能。是以目連按照佛陀所說行盂蘭盆供，於是「時目連母即於是日，得脫一劫餓鬼之苦。」〔註1〕經文最後，由目連提問佛陀，後世眾生行孝順者是否亦要行盂蘭盆作為啟教因由。於是經文以佛陀稱讚目連後，

---

〔註1〕 此處關於目連母僅脫一劫餓鬼之苦的描述，明顯與經文前面提過的「若七世父母生天，自在化生，入天華光。」互相矛盾。

告知大眾後世眾生凡欲行孝順者皆應行盂蘭盆供作為結尾。

## 二、儀式內容

根據經文，盂蘭盆會的相關儀式大致可以分做人、事、時、地四個部分加以討論：

### （一）人的部分

這一部分應該分做三方面加以討論。行盆供者、受盆供者與薦福對象。第一、行盆供者，即經文中所謂後世眾生欲行孝順者。據此，包含僧侶在內，凡思報父母恩者皆須行盂蘭盆供。第二、受盆供者，即指經過九旬結夏修行，完成自恣儀式的僧團。第三、薦福對象。依據經文所述，即指供養者的現世父母、七世父母以及六親眷屬。

### （二）事的部分

此包含兩部份：第一、行盂蘭盆供者應事先「具飯、百味五果、汲灌盆器、香油錠燭、床敷臥具、盡世甘美以著盆中」，然後在當日將供物「先安在佛前，塔寺中佛前」。在供養過諸佛，經「眾僧咒願竟」並受食即算完成。第二、受供養的僧團必須是如實九旬安居修道，並完成自恣後方具備追薦盆供者親亡的功效。此外，僧侶在食用施主的齋供前必須先為施主家咒願，行禪定意，然後受食。〔註2〕

### （三）時的部分

依據經文，盂蘭盆會的舉行時間是在僧團三月夏滿的自恣日當天。由於中國佛教將僧團安居理解成夏安居而非雨安居，再加上絕大部分僧團安居日期皆屬前安居，亦即每年農曆四月十五日至七月十五日這三個月（亦即前安居），是以僧團解夏自恣日很自然的落在每年農曆的七月十五日。因此盂蘭盆會的舉行時間亦落在每年農曆七月十五日當天。

### （四）地的部分

依據經文，盂蘭盆會的舉行地點本應是有僧團駐錫並如法舉行結夏安居的佛寺或道場。〔註3〕

---

〔註 2〕 經文中未曾提及供物的分配，本文將於他處略作補充。
〔註 3〕 然而根據現存文獻顯示，信徒舉行盆供的方法可謂五花八門，不一而足。

# 第二節　盂蘭盆會儀式的重建

　　根據上一節筆者將盂蘭盆會儀式分做人事時地四個方面所作的簡介，本節當中，筆者打算藉由現存相關文獻的輔助，嘗試重新建構整個盂蘭盆會的儀式內容與法會過程。

## 一、僧團安居

　　根據經文，佛陀告知目連，由於目連母親罪根深重，唯有透過結夏自恣僧團眾僧的威神力方能救拔其母親出離於餓鬼之苦。此即意味著整個盂蘭盆會的儀式是建立在僧團的結夏安居之上。由於結夏安居乃僧團最基本的年中重要行事之一，其施行內容可以見諸律典，是以經文未曾針對僧團安居內容加以解釋。由於僧團從結夏安居至夏滿自恣為止，同樣屬於盂蘭盆會的儀式內容之一，去掉了僧團結夏安居這部分，整個盂蘭盆會儀式則無由建立。

　　由於中國佛教長期以來一直抱持"戒文禁祕，不可輕宣"的態度〔註4〕，造成了一般文人無由得窺僧團安居的實際內容，使得現存文獻中關於僧團安居的施行細節以及憑藉律典非常少。因此本文以下主要依據祐錄中《法苑雜緣原始目錄》的記載來重構僧團安居行事，其不足之處則透過相關文獻（僧傳與正史）加以補充說明。至於本文之所以引用唐義淨《南海寄歸內法傳》以及九世紀左右的敦煌文書作為對照史料，一方面是由於這方面的資料確實太過欠缺。另一方面則考慮到《南海寄歸內法傳》中除了提及印度僧團的安居儀式外，同樣亦提到當時唐代僧團部分安居內容。至於為何引用時代更晚的敦煌僧團的記載，原因有以下兩點：第一、唐代佛教歷經安史之亂與會昌法難的雙重打擊，在聲勢或者僧侶素質皆大不如前的情形下，敦煌一地僧團成了當時佛教信仰最興盛的地區。是以敦煌出土文書必然有助於釐清唐代僧團的安居內容。第二、依據竺沙雅章先生所指出，敦煌十七寺皆是律寺的說法〔註5〕，可以想見當時敦煌僧團的相關行事，必然保留不少前代僧團的重要儀軌。據此，筆者認為對照敦煌文獻有助於重構僧團安居的儀式內容。

〔註4〕根據《高僧傳》記載，吳主孫皓曾向康僧會要求看"沙門戒"，僧會當時以"戒文禁祕不可輕宣"加以回絕。見《大正藏》卷五十，頁326a。
〔註5〕氏著〈敦煌の僧官制度〉註解107，《東方學報（京都）》第三十一期，1961年。

### 僧祐《法苑雜緣原始目錄》記載僧團安居行事

根據《法苑雜緣原始目錄》記載，當時僧團安居行事大致包含以下幾項：

| | |
|---|---|
| 行舍羅緣記第七 | 出彌沙塞律〔註6〕 |
| 安居緣記第八 | 出十誦律〔註7〕 |
| 自恣法緣記第九 | 出五分律〔註8〕 |
| 新歲緣記第十 | 出新歲經〔註9〕 |
| 吉祥草緣記第十一 | 出普曜經〔註10〕 |
| 功德衣開戒利緣記第十二 | 出五分律〔註11〕 |

根據僧祐的記載，可大致推得當時僧團的安居步驟如下：

（一）先是行舍羅（Śalākā）聚集眾僧，然後依《十誦律》記載：「若上座欲安居，應從坐起偏袒著衣，胡跪合掌，應如是語：『長老憶念，我某甲比丘是住處夏安居，前三月依止某甲可行處聚落，某甲僧坊孔破治故。』……下座答言莫放逸，上座言受持。」（T.23, 173b）。

（二）先是修治房舍，在長達九十天的安居後，於安居最後一天舉行自恣。〔註12〕

（三）《新歲經》記載，僧團自恣的過程先是遣一僧人仿效阿難擊揵搥，希望「地獄、餓鬼、畜生一切病苦，聞音悉除，皆得安穩。」之後則行舍羅召集眾僧，「各各相對，悔過自責，相謝眾失所犯非法，各忍和同，淨身口心，令無餘穢。」

---

〔註6〕 見《彌沙塞部和醯五分律》卷十六，「若和尚出罪之日，弟子應為掃灑、敷坐、辦舍羅籌集僧。」《大正藏》卷二十二，頁111a。

〔註7〕 見《十誦律》卷二十四，七法中安居法，《大正藏》卷二十三，頁173b。

〔註8〕 見《彌沙塞部和醯五分律》卷十九，第三分之四自恣法，《大正藏》卷二十二，頁130c～133c。

〔註9〕 由於現存《新歲經》存有兩種版本，為避免援引有誤，當引《經律異相》卷十八，〈比丘自恣受臘得道〉引《新歲經》經文。見《大正藏》卷五十三，頁97c～98a。

〔註10〕《普曜經》卷五，《大正藏》卷三，頁514c～515a。

〔註11〕 見《彌沙塞部和醯五分律》卷二十二，第三分之九迦絺那衣法以及卷四，第一分之四捨墮法。《大正藏》卷二十二，頁153a～153c、23b。

〔註12〕 自恣者，梵文 pravarana，又名隨意，乃隨他人之意自己舉發所犯之過錯。自恣者，即夏安居竟日，僧眾任隨他人舉發自身於見、聞、疑等三事中所犯之罪，並對其他比丘懺悔，懺悔清淨，自生喜悅之意。

（四）《普曜經》記載，僧團受新歲時當坐於"吉祥草"上，因爲「過去諸佛坐於草蓐，成最正覺。」〔註13〕

（五）最後一件事爲分發功德衣，即"迦絺那"（kaṭhina）儀式〔註14〕。《五分律》記載，得功德衣獲五種利益：「一者別眾食。二者數數食。三者食前食後行至餘家不白餘比丘。四者畜長衣。五者別宿不失三衣。」〔註15〕至於受功德衣的儀式，根據《陀羅尼雜集》〔註16〕卷六〈受法衣文〉抄錄於下：

> 佛言檀越某甲，哀愍群萌七世父母，及與內外男女親屬，沒生死海而無救濟，不能自拔，沒於三塗。是故減割身口之分以作法衣，敬心奉上尊者比丘，以求無極最勝之福，無上尊人威神擁護，當令某甲成三十二相莊挍其身，功德殊特得大名聞。以清淨施廣度眾生，願令十方天龍鬼神，人與非人，普蒙覆蓋歸留。七世父母、五種親屬、怨家債主，皆令解脫已離憂苦。當令檀越得無蓋慈，入深法門成最正覺，行如菩薩得道，如佛廣度一切。（T.21, 611b）

此處值得加以注意的是，受法衣文中所提到供養僧侶法衣的功德能夠令"七世父母、五種親屬"乃至於"怨家債主皆令解脫已離長苦"的說法，與盂蘭盆會的儀式主題完全吻合。據此，Teiser 書中所提中國現存文獻甚少提及僧團"迦絺那"（kathina）儀式的說法，尚有待商榷〔註17〕。因爲僧祐的記載，證實了當時僧團確實如法舉行著"迦絺那"儀式。關於中土僧團舉行迦絺那儀式的史料，就筆者閱讀所及，尚有以下兩則史料得以參照：（1）義淨《南海寄歸內法傳》所載：「江南迦提設會，正是前夏了時。」〔註18〕（2）唐文宗〈條

---

〔註13〕 參見《普曜經》卷五，《大正藏》卷三，頁514c。此一儀式，據義淨在印度所見到的情形是眾人「各取鮮茅可一把許，手執足蹈作隨意事。」參見《南海寄歸內法傳》卷二，《大正藏》卷四十九，頁 217c～218a。

〔註14〕 此即 Teiser 書中提到的"迦絺那"（kathina）儀式。根據 Teiser 書中所述，中國相關文獻中甚少提及此一獻衣儀式（見氏著 *The Ghost Festival in Medieval China*, p.33）。不過若根據祐錄所載，加上義淨《南海寄歸內法傳》關於「江南迦提設會，正是前夏了時。」的描寫（見《南海寄歸內法傳》卷二，頁 217a～b）。

〔註15〕 《彌沙塞部和醯五分律》卷二十二，第一分之四捨墮法。《大正藏》卷二十二，頁 23b。

〔註16〕 關於《陀羅尼雜集》的成立年代，據唐智昇判定，將該經歸於梁代失譯經典。參見《開元釋教錄》卷六以及卷十三，《大正藏》卷二十二，頁 539b、624b。

〔註17〕 見氏著 *The Ghost Festival in Medieval China*, p.33。

〔註18〕 見《南海寄歸內法傳》卷二，《大正藏》卷四十九，頁 217a～b。

流僧尼敕〉記載：「比來京城及諸州三長齋月置講集眾兼戒懺，及七月十五日解夏巡門家提剝割生人，妄稱度脫者，並宜禁斷。」〔註19〕文中 "巡門家提" 的 "家提" 應即義淨文中所提的迦提設會，也就是 "迦絺那" 儀式。〔註20〕

### 對照《南海寄歸內法傳》的記載

（一）依據義淨（671）《南海寄歸內法傳》卷一，「五眾安居」：

> 若前安居，謂五月黑月一日〔註21〕，後安居則六月黑月一日。唯斯兩日，合作安居。於此中間，文無許處。至八月半，是前夏了，至九月半，是後夏了，此時法俗盛興供養。從八月半已後，名歌栗底迦月（Kārttikamāsa）。江南迦提設會，正是前夏了時。八月十六日即是張羯絺那（kaṭhina）衣日，斯其古法。……未至夏前，預分房舍，上座取其好者，以吹分使至終。那爛陀寺現行斯法，大眾年年每分房舍。……然江左諸寺，時有分者。斯乃古德相傳，尚行其法。豈容住得一院，將爲己有？不觀合不，遂至盡形。良由上代不行，致使後人失法。若能准教分者，誠有深益。〔註22〕

中國僧團除了在預分房舍並非完全遵行以外，大致上印度僧團結夏的過程並無太大不同。

（二）依據《南海寄歸內法傳》同卷「隨意成規」：

> 凡夏罷歲終之時，此日應名隨意，即是隨他於三事之中任意舉發，說罪除愆之義。舊云自恣者，是義翻也。必須於十四日夜，請一經師，昇高座，誦佛經。于時俗士雲奔，法徒霧集，燃燈續明，香華供養。明朝惣出，旋繞村城，各並虔心，禮諸制庇。棚車輿像，鼓樂張天，幡蓋縈羅，飄揚蔽日，名爲三摩近離（sāmagrī），譯爲和集。凡大齋日，悉皆如是，即是神州行城法也〔註23〕。禺中始還入

---

〔註19〕《全唐文》卷七十四，頁 965。

〔註20〕至於敕文中爲何將其視爲 "剝割生人"，有待專家學者做更進一步的相關討論。

〔註21〕《大唐西域記》卷二印度總述：「月盈至滿，謂之白分：月虧至晦，謂之黑分。」黑月一日即指 16 日。

〔註22〕《大正藏》卷五十四，頁 217a～b。

〔註23〕行城又稱行像。據宋贊寧《大宋僧史略》的解釋，「行像者。自佛泥洹，王臣多恨不親睹佛，由是立佛降生相。或作太子巡城像。晉法顯到巴連弗城，見彼用建卯月八日行像。以車結縛五層，高二丈許，狀如塔。彩畫諸天形、眾寶作龕，佛坐菩薩立侍。可二十車，車各樣嚴飾。婆羅門子請佛，次第入城

寺，日午方爲大齋。過午咸集，各取鮮茅可一把許，手執足蹈，作
隨意事。先乃宓芻，後方尼眾，次下三眾。若其眾大，恐延時者，
應差多人，分受隨意，被他舉罪，則准法說除。當此時也，或俗人
行施，或眾僧自爲。所有施物，將至眾前。其五德應問上座云：「比
物得與眾僧爲隨意物不？」上座等答云：「得。」所有衣服、刀子、
針錐之流，受已均分，斯共敎也。此日所以奉刀針者，意求聰明利
智也。隨意既訖，任各東西，既是坐夏已用，無勞更經一宿。廣如
餘處，比不詳言。〔註24〕

印度僧團解夏的過程包含以下幾件事：第一、慶祝活動從自恣日的前一天晚
上即宣告開始。第二、自恣日當天早上舉行行城法會，中午結束並用齋飯。
第三、午後集合眾僧，先是手拿鮮茅舞蹈〔註25〕，之後即進行僧侶的自恣儀
式。第四、僧侶自恣之後，開始進行當天的供僧儀式。包括僧侶在內，凡欲
供養者將欲供養物集中放在一處。最後將供物均分給所有僧眾。

### 對照敦煌文書記載安居行事

（一）依據 P.6005 背天復四年（904）《釋門貼諸寺綱管令夏安居帖》記
載：

1　釋門　貼諸寺綱管
2　奉　都僧統貼，令僧政，法律告報應
3　管僧尼、沙彌及沙彌尼，并令安居住寺依
4　止，從師進業修習，三時禮懺，恐眾難齊，仍
5　勒上座寺主親自押署，齊整僧徒，具件如後：
6　諸寺僧尼，自安居後，若無房舍，現無居住空房
7　舍，仰當寺綱管，即日支給；若身在外，空閉
8　房舍、但依官申狀、當日支與。
9　諸寺僧尼數內沙彌，或未有請依止，及後入名僧
10　尼，並令請依止，無使寬閒。如不請（？）師者，仰綱

---

〔註24〕　內宿，通夜供養。」《大正藏》卷五十四，頁237b。
《大正藏》卷五十四，頁217b～c。可對照玄奘《大唐西域記》卷八，對於摩
揭陀國安居的描寫：「菩提樹南十餘里，聖跡相鄰，難以備舉。每歲比丘解安
居，四方法俗，百千萬眾，七日七夜，持香花，鼓音樂，遍遊林中，禮拜供
養。」《大正藏》卷五十一，頁918c。
〔註25〕　此項行所與祐錄所云吉祥草，應有關聯。

11 管於官通召，重有科罰。

12 諸寺僧尼、夏中各須進業、三時禮懺，不得間斷。

13 如有故違，重招科罰。綱管仍須鉗轄散眾，如

14 慢公者，綱管罰五十人一席。

15 諸寺界牆及後門，或有破壞，仍須修洽及關鑰。

16 私家小門，切今禁斷。然修飾及掃灑，仰團

17 頭堂子所使，仍仰綱管及寺卿勾當。如不存

18 公務者，同上告罰。諸寺不令異色雜人居住。

19 應管僧尼寺一十六所，夏中禮懺，修飾房舍等事，

20 寺中有僧政、法律者，逐便鉗轄。其五尼寺，緣

21 是尼人，本以性弱，各請僧官一人檢教（校）。若人多事

22 即頻繁，勒二張法律檢教（校）。其僧寺，仰本寺

23 禪律及上座勾當。若有晡慢，必不容恕。

24 右前件條流通

25 指揮，仰諸寺綱管等存心勾當，

26 鉗轄僧徒，修習學業，緝治寺舍。

27 建福攘災，禮懺福事。上為

28 司空萬福，次為城皇（隍）報（保）安。故勒

29 斯帖，用憑公驗。十四日。

30 法律威則

31 法律辯政

32 法律

33 僧政一眞

34 僧政威覺

可以知道當時敦煌僧團每年安居之前，先由都司向各寺發佈《夏安居帖》，要求夏安居期間所有僧人包括住在寺外者均須住寺，而且必須從師進業修習，三時禮懺，不得間斷。此外，安居之前很重要的一件事，即令各寺綱管負責修飾房舍、齊整僧徒，鉗轄散眾，然後分配房舍。

（二）P.1604 依據天復二年（902）《四月二十八日都僧統賢照貼諸僧尼寺綱管徒眾等》記載：

1 都僧統　貼諸僧尼寺綱管徒眾等

2　奉

3　尚書處分、令諸寺禮懺不絕，每

4　夜禮大佛名經一卷。僧尼夏中則

5　令勤加事業。懈怠慢爛、故令釋

6　主嗔責、僧徒盡皆受恥。大家總

7　有心識，從今以後不得取次。若

8　有故違、先罰所由綱管、後科本

9　身。一一點檢、每夜燃燈一盞、

10　准式。僧尼每夜不得欠少一人，

11　仰判官等每夜巡檢。判官若有怠

12　慢　公事、亦招科罰。其貼仰諸

13　寺晝時分付，不得違時者。天復

14　二年四月二十八日貼。

據此，可以知道敦煌僧團安居時確實嚴格執行著誦經、禮懺等修行儀式。

（三）依據 S.335 背《差分房舍臥具人並安居法》記載，可以知道敦煌僧僧團先是在十五日集中，通過羯磨方式推定分房舍臥具人。然後由分房舍臥具人向眾僧授籌，分配房舍臥具。從十六日開始坐夏。〔註26〕

（四）S.5645《結夏文》、《解夏文》以及 S.6417《自恣唱道文》則提供了當時敦煌僧團安居行事的資料。〔註27〕

（五）依據 P.2807《七月十五日夏終設齋文》〔註28〕記載：

1　七月十五日夏終設齋文

2　我大師垂教，流化大千，末葉倉（蒼）生，咸資福善。況目蓮啓運，

3　慈母銷殃；迹被娑婆，慶沾幽顯者也。厭此曠野郁興，供養三旬，轉

4　誦不輟者，爰有釋門禪律二大德之謂歟。惟二禪律道德當時，人望鳳

5　著。自披緇卓立，精苦逾深，問道得心地法門，化緣契宿世因力，厭

6　人間之喧雜，忻蘭若之幽閒。四回絕人，九夏孤介，曉夕則觀身無主，

---

〔註26〕參見郝春文〈唐後期五代敦煌僧尼的修習活動〉，頁 294。

〔註27〕參見本文附錄三。

〔註28〕引自郝春文〈唐後期五代敦煌僧尼的修習活動〉，《中國佛學》一卷一期，1998年。不過郝氏將此篇願文理解爲「有的僧人還在七月十五日夏終之日出資設齋祈福。」（Ibid, p.296），很明顯與事實有所差距。

7　晝夜聞禮佛誦經。延數德以安居，滌一心而靜慮。所願福福資法界，
8　次及過往考妣，求生淨土，存亡獲益於當來，幽明普沾於過未。所以
9　罄房資於三寶，施衣缽以供僧。轉讀既終，坐夏將畢，總斯眾善，大
10　建熏修，功德後終，用申表烈。由是清寶地，嚴名香，廚饌八珍，經
11　開四句，考茲殊勝，即用莊嚴，先考妣托識淨方，游深佛刹，逍遙十
12　地，高步五天。次用莊嚴，二禪師（律）道將歲久，福與時深，拂衣
13　救末代之蒼生，振錫化無緣之品類。然後（以下原缺文）

　　證實當時敦煌僧團已將夏終設齋儀式與超渡先亡考妣相結合，文中同時
亦提到了《盂蘭盆經》中目連救母故事。值得注意的是，本篇設齋文並沒有
冠上盂蘭盆會名號，且文中添加了淨土思想於內，這一點將有助於我們理解
盂蘭盆會與齋會、淨土思想、僧團安居之間關係的釐清。

## 二、僧團安居的經費來源

　　上引祐錄等文獻雖然提供了部分僧團安居儀式內容的寶貴史料，然而美
中不足的地方，在於上引資料中未曾提供僧團安居的一些細部內容。比方說：
究竟這長達九十天的安居期間，僧團日用飲食的開銷費用以及安居前整修房
舍等費用是從何而得？學界之前的研究似乎甚少觸及此一問題。對此，筆者
希望藉由藏內相關文獻以及正史的記載加以補充說明。

### （一）關於僧團安居時的經費（主要指糧食）來源

　　關於這個問題，根據現存文獻顯示，僧團安居的費用來源有兩個地方：
一是由國家供給。二是信徒供養三寶的財物，進入寺院成為常住公有的寺產。
僧團安居費用主要即由寺產給付。以下即從這兩個部分加以討論。

### 1. 關於國家供給

第一、依據北魏孝文帝所下〈帝令諸州眾僧安居講說詔〉：

> 可令諸州令此夏安居清眾，大州三百人，中州二百人，小州一百人，
> 任其數處講說，皆僧祇粟供備，若粟甚、徒寡不充此數者，可令昭
> 玄量減還聞。〔註29〕

據此，可以確知北魏"僧祇粟"曾支給當時各州僧團結夏安居講說的費用外
〔註30〕。除此之外，對照孝文帝在延興二年（472）所下詔書：

---

〔註29〕《廣弘明集》卷二十四，《大正藏》卷五十二，頁 272c。
〔註30〕關於僧祇粟的出處及其他其他用途，得參見塚本善隆〈北魏僧祇戶佛圖戶〉，收

比丘不在寺舍，遊涉村落，交通姦滑，經歷年歲。今民間五五相保，不得容止。無籍之僧，精加隱括，有者送付州鎮，其在畿郡，送付本曹。若爲三寶巡民教化者，在外齎州鎮維那文移，在臺者齎都維那等印牒，然後聽行，違者加罪。〔註31〕

以及太和十六年（489）〈帝令諸州眾僧安居講說詔〉：

每年四月八日、七月十五日，聽大州一百人爲僧尼，中州五十，下州二十人，著令以爲常准。〔註32〕

可以想見，北魏孝文帝已經注意到僧團安居在佛教年中行事所扮演的重要角色。依據延興二年詔令，可以想見孝文帝曾經對於當時遊方僧侶巡民教化所衍生的問題感到頭痛，於是下詔有司，凡僧侶欲遊方教化者必得先向州鎮申請報備，取得印牒方聽放行。依據孝文帝後來允許安居期間僧侶的到處講說的態度，以及選擇每年四月八日、七月十五日度僧的行爲看來，孝文帝必然對於佛教僧團安居內容及其精神甚爲熟悉。〔註33〕

　　第二、根據文獻記載，梁武帝在即位後，除了禮遇神異、明律、義解等各科高僧外，並且聘用當中八位爲其“家僧”〔註34〕。武帝之所以召請這些高僧，依據顏尚文先生的研究，主要在於協助武帝建立佛教國家，並配合各種政教合一政策的擬定與推行〔註35〕。而這些被禮爲“家僧”的僧侶，依據下面所引僧傳記載：

　　(1)《續高僧傳》卷五〈法雲傳〉：

尋又下詔，禮爲家僧，資給優厚，敕爲光宅寺主。創立僧制，雅爲後則。皇太子留情內外，選請十僧入於玄圃。……雲居上首，偏加

---

於《日本學者研究中國史論著選譯》（七）（北京：中華書局，1993 年），頁252～287。

〔註31〕轉引周一良〈敦煌寫本書儀中所見的唐代婚喪禮儀〉，《周一良全集第三卷：佛教史與敦煌學》（瀋陽：遼寧出版社，1998 年），頁 373。

〔註32〕《廣弘明集》卷二，《大正藏》卷五十二，頁 104。

〔註33〕此即《舊五代史·周書·世宗本紀》顯德二年（955）條記載：「每年造僧賬兩本，其一本奏聞，一本申祠部，逐年四月十五日後，勅諸縣取索管界寺院僧尼數目申州，州司攢賬，至五月終以前文帳到京，僧尼籍帳內無名者，並勅還俗。其巡禮行腳，出入往來，一切取便。」（頁 1530）世宗之所以選在僧團安居期間要求諸縣清查僧尼人數並取締無籍僧尼的原因。

〔註34〕武帝所聘用的家僧，即法雲、慧超、僧旻、靈根寺僧遷、荊洲大僧正僧遷、法寵、僧伽婆羅、明徹等八位。

〔註35〕參見顏尚文，《梁武帝》（台北：東大圖書，1999 年），頁 109～123。

供施。自從王侯，逮于榮貴，莫不欽敬。至於吉凶慶弔，不避寒暑，時人頗謂之遊俠。而動必弘法，不以此言關懷。（T.50, 464b）

（2）《續高僧傳》卷一，〈僧伽婆羅傳〉：

僧伽婆羅……天子禮接甚厚，引爲家僧。所司資給，道俗改觀。（T.50, 426a）

（3）《續高僧傳》卷五，〈法寵傳〉：

請爲家僧，敕施車牛人力，衣服飲食，四時不絕。（T.50, 461b）

（4）《續高僧傳》卷六〈明徹傳〉：

武帝欽待，不次長名，進于內殿。家僧資給，歲序無爽。（T.50, 473b）

（5）《續高僧傳》卷五，〈僧旻傳〉（靈根寺僧旻）：

因請爲家僧，四事供給。（T.50, 462）

可以確定家僧的生活日用皆由武帝支給供養。由於武帝貴爲皇帝，是以上述家僧的供給其實等同於由國家供給。同理，家僧等人每年安居費用亦是由國家供給之。

第三、與家僧有其相似處的"內道場"僧尼，每年安居費用亦是由國家供給。"內道場"者，依據贊寧在《大宋僧史略》卷二"內道場"條解釋：

內道場起於後魏，而得名在乎隋朝，何邪？煬帝以我爲古，變革事多，改僧寺爲道場，改道觀爲方壇。若內中僧事，則謂之內道場也。……魏大武皇帝始光二年，立至神道場。神𪊽四年，敕州鎮悉立道場。蓋帝王生此日也（尋文，是生日權建法會耳）。後天元大成元年春正月〔註36〕，詔曰：「隆建玄風，三寶尊重，宜修闡法化，廣理可歸崇。其舊沙門中德行清高者七人，在政武殿西，安置行道。」此內道場之始也。南朝或以尼在內中持課，又壽光殿中群僧法集，或充學士，或號講員，或注解經文，或敷揚禪要，凡存禁中並內道場也。唐則天令大德僧法、處一、慧儼、行感、宣政等在內道場念誦，以薛懷義參雜其間。則天又於洛京大內置內道場。中宗睿宗此制無改。代宗初喜祠祀，未重釋氏。……常令僧百餘人，於宮中陳佛像，經教念誦，謂之內道場，供養甚貴。……每西蕃入

---

〔註36〕大成爲北周宣帝年號，大成元年即公元 579 年。文中詔令得參考《廣弘明集》卷十，《大正藏》第五十二卷，頁 156c。

　　　寇，必令群僧講誦仁王經，以攘寇虜。……又七月望日，於內道場
　　　造于蘭盆，飾以金翠。設高祖七廟神座，各書神號識之迎，出內陳
　　　於寺觀。〔註37〕

可知內道場即指帝王在其禁中所設立的道場。其設立的目的大致有二：一是
方便皇帝個人以及禁中后妃宮女從事相關佛教儀式。譬如皈依授戒、禮佛行
道等等。另一則是希望藉由內道場的僧侶誦經行道為帝國、皇室成員祈福。
由於內道場宛如皇室的家寺，是以被延入內道場者，其身份與前述的家僧
非常相似。故內道場所有開銷皆由朝廷供給，其夏安居的開銷自然亦包含於
內。〔註38〕

　　　至於家僧與內道場僧侶之間的關係，志磐《佛祖統紀》卷三十八所載，「（梁
武帝）敕沙門慧超為壽光殿學士。召眾僧法集講論，注解經文，並居禁中（此
內道場之始）。」〔註39〕在此提出僅供參考。〔註40〕

## 2. 關於寺產支付部分

### （1）寺產的內容

　　　寺產者，即寺院財產的簡稱。由於寺院寺產牽涉到整個寺院經濟的內容，
討論範圍非常之廣，遠非本文所能處理，再加上其並非本文討論重點，以下
僅概括式加以介紹〔註41〕。關於寺院的寺產，首先必須區分成常住資財以及

〔註37〕《大正藏》卷五十四，頁 247b～c。
〔註38〕贊寧的解釋文中，尤需注意者，在於代宗朝於內道場造盂蘭盆一事（已非送
　　　盆至長安、西明等國寺）。由於內道場的建立主要在於為帝王個人及其帝國祈
　　　福，內道場的僧尼地位其實與前述家僧有其相似之處。如此一來，不能不令
　　　人質疑代宗造盂蘭盆一事頗有命令內道場僧尼為其七代先亡祈福的味道在
　　　內。
〔註39〕《大正藏》卷四十九，頁 350a。
〔註40〕據《續高僧傳》卷二十四〈慧乘傳〉云：「太尉晉王於江都建慧日道場，遍詢
　　　碩德。乘奉旨延住，仍號家僧。」（《大正藏》卷五十，頁 633b）以及《續高
　　　僧傳·曇瑎傳》記載：「煬帝昔為晉王，造寺京室。諸方搜選，延瑎入住。內
　　　史令蕭琮，合門昆季，祖尋義學。屈禮歸心，奉以家僧。攜現大小，常處
　　　第內。晨夕歡娛，講論正理，惟其開悟。」包括尚為晉王的楊廣以及內史
　　　令蕭琮皆有禮聘家僧的行為。據此，則家僧之禮聘並非帝王所獨享的宗教行
　　　為。
〔註41〕學界關於中國寺院經濟的研究目前已經累積豐厚的研究成果。譬如：何茲全
　　　先生主編《五十年來漢唐佛教寺院經濟研究》（北京：北京師範大學出版社，
　　　1985 年）一書所收錄十餘篇論文，即是 1934～1984 年，五十年間我國學界
　　　對於佛教寺院經濟的重要成果。此外譬如：道端良秀著《中國佛教の社會福

僧尼資財。常住資財屬於寺院所有，廣義而言即十方共有之財。由於不允許任意動用，又稱常住財物。至於僧尼資財，即屬於僧尼個人私產，按律僧尼有其自由使用權利。然而，僧尼私財在僧尼亡沒後，除了輕物可依遺囑加以分配外，按律亡僧遺物中重物部分依舊還於常住不得分配。而本文所要討論的部分，即常住資財此一部分。

由於常住資財的來源來自信徒奉獻三寶的所施財物，是以寺產依其所得性質，依律典記載，應該細分成：佛物（錢）、法物（錢）與僧物（錢）。對此，宋道誠《釋氏要覽》"三寶物"條提供了極佳解釋〔註42〕。三寶財包括了，第一佛物。包含以下四者：第一、佛受用物，謂殿堂、衣服床帳等。第二、信徒信施物品屬於佛物者。第三、信徒供養佛物者。第四、信徒獻佛物。譬如信徒供佛之花、香、油、幡乃至佛像等物皆屬之。第二法物。指稱三藏經卷乃至與佈道傳法有關的一切設施如：箱、函、麓、巾、杷櫃等等皆物皆屬之。第三僧物。指二常住物。〔註43〕

此外根據道宣《四分律刪繁補闕行事鈔》卷五所說：「四分：瓶沙王以園施佛，佛令與僧等故。知三寶不得互用。」〔註44〕以及唐法藏《佛梵網經菩薩戒本疏》記載：「又准寶梁經云：佛法二物不得互用。」〔註45〕三寶物之間不能互用，犯者得罪〔註46〕。然而若施主未曾說明施物是施給三寶中的何者，則此施物可以三寶共用，用完為止，然而不能將其分割三分。此即《行事鈔》所說：「若本通三寶施者，隨偏用盡，不得破此物以為三分。」〔註47〕此外，依據《佛說摩訶剎頭經》所載：

> 灌佛形像所得多少，當作三分分之。一者為佛錢。二者為法錢。三者為比丘僧錢。佛錢繕作佛形像。若金、若銅、若木、若泥、若塑、

---

社事業》（京都市：法藏館書店，1967年）以及法國漢學家謝和耐（Gernet, Jacques）著，耿升譯，《中國五至十世紀的寺院經濟》（甘肅人民出版社，1987年）都是研究寺院經濟者必讀的大著。

〔註42〕此外《法苑珠林》卷七十四偷盜部第五中亦提到了佛物、法物、僧物的詳細內容。見《大正藏》卷五十三，頁483a～b。

〔註43〕《釋氏要覽》卷二，《大正藏》卷五十四，頁289a。

〔註44〕《大正藏》卷四十，頁56c。以下凡提到道宣《四分律刪繁補闕行事鈔》皆簡稱《行事鈔》。

〔註45〕《大正藏》第四十卷，頁615a。

〔註46〕關於三寶財物不得互通的記載，尚得見《法苑珠林》卷七十四偷盜部第五之互用部第五。見《大正藏》卷五十三，頁483c。

〔註47〕《大正藏》卷四十，頁56c。

　　若盡，以佛錢修治之。法錢者，架立樓塔、精舍、籬落、牆壁內外
　　屋，是爲法錢。比丘僧有萬錢，千比丘當共分之。若無眾比丘，但
　　一分作有，以一分給與法錢。數人亦三分分之，出以一分。持後法
　　錢、僧錢，一文以上不可妄用。〔註48〕

浴佛日當日所得布施財物，亦爲三寶所共用，三分爲佛錢、法錢、僧錢。佛錢者用於鑄作佛像。法錢者用於修整寺院房舍。僧錢則依僧眾多少仍舊三分。一分作爲眾僧私財之用，其他仍歸佛錢，法錢。據此，可知僧團安居時修整房舍之錢必然由寺產的法錢支付，糧食費用則由僧錢支付。而後者即本文所欲討論的重點：僧物（僧財），亦即“常住”。

　　所謂的僧物，依據道誠《釋氏要覽》卷三“常住”條引《行事鈔》：

　　常住。鈔云：僧物有四種。一者常住常住。謂眾僧舍宇、什物、樹
　　木、田園、僕畜、米麥等物。以體局當處，不通餘界，但得受用，
　　不通分賣，故重言常住也。二者十方常住。謂如一寺中供僧成熟飲
　　食等。以體通十方，唯局本處。善見律云：不打鐘食犯盜罪（今諸
　　寺同食，食既成熟，乃打鐘鼓者。此蓋召十方僧故，以此物十方有
　　分故）。三者現前常。住此有二種：一物現前。二人現前。但此物唯
　　施此處現前僧故。四者十方現前常住。謂亡僧輕物施，體通十方，
　　唯局本處現前僧得分故。〔註49〕

僧物大致分爲以下類：第一類稱常住常住。意思爲完全不可分配的“常住”僧物。這類僧物包括了寺院建築本身、倉庫、田園乃至僕人、牲畜皆屬之。這類財產，寺院僅能加以運用而不能分配也不能出售。

　　第二類稱十方常住。意即信徒供養寺院全體僧侶的食物。由於這些食物爲十方僧眾所共有，是以律法規定用齋飯時，必須先打鐘告知寺內眾僧方得食用。

　　第三類稱現前常住。意指信徒的供養物指明僅施給此處、現前的僧侶得用。

　　第四類稱十方現前常住。此類僧物來自寺院中死亡僧侶遺物中之“輕物”。其大致是指亡僧的三衣六物等隨身衣物。

---

〔註48〕《大正藏》卷十六，頁798a。
〔註49〕《大正藏》卷五十四，頁302c～303a。

## （2）寺產的用處以及寺產的運用

關於寺產的出處來源，大致不外乎於各種齋會（例如前述年三月六的九齋日）、重大節日（如二月八日佛陀成道日、四月八日浴佛日、七月十五日盂蘭盆會）以及相關法會時信徒的施入。此外信徒的宅舍爲寺〔註50〕，或以田園山林布施三寶的行爲亦常見於現存正史及僧傳的記載。〔註51〕

至於佛教寺院設置"寺產"的目的，依據《太平廣記》卷四九三"裴玄智"條所載：

> 武德中，有沙門信義〔註52〕，習禪，以三階爲業，於化度寺置無盡藏。貞觀之後，舍施錢帛金玉，積聚不可勝計。常使此僧監當。分爲三分，一分供養天下伽藍增修之備，一分以施天下饑餒悲田之苦，一分以充供養無礙。士女禮懺闐咽，施捨爭次不得，更有連車載錢絹，舍而棄去，不知姓名。〔註53〕

可以推知，設置寺產的用途主要有以下三項：第一，在於支付寺院房舍修補之用。第二，用以稱濟貧苦，作爲普施之用。第三，則是用以供給寺院的大小開支〔註54〕。此外，對照前述三寶物的內容及其用處，可以推得三階教設

---

〔註50〕依據《魏書・釋老志》記載：「朝士死者，其家多捨居宅，以施僧尼，京邑第舍，略爲寺矣。前日禁令，不復行焉。」（《魏書》卷一一四，頁3047）可以想見當時施宅爲寺之盛行。事實上，關於中古時期信徒捨宅爲寺的例子，闕諸史料，可說俯拾皆是。以下即稍略舉證之：譬如《高僧傳》即載有南宋少帝景平元年（423），平陸令許桑捨宅建平陸寺以奉僧伽跋摩（《大正藏》卷五十，頁342b）。又晉長沙太守滕舍，亦於江陵捨宅爲寺（《大正藏》卷五十，頁355c）。此外《洛陽伽藍記》中所記北魏洛陽諸寺，大半皆爲北魏皇室以及世族大姓爲追冥福捨宅以建。至於正史中，像是《北史》卷三十七〈奚康生傳〉即記載：「康生久爲將，及臨州，多所殺戮。而乃信向佛道，每捨居宅立寺塔，凡歷四州，皆有建置。」（頁1362）《梁書》卷三十七〈何敬容傳〉則載：「何氏自晉司空充、宋司空尚之，世奉佛法，並建立塔寺；至敬容又捨宅東爲伽藍。」（頁534）等等皆可資證明。

〔註51〕例如西魏文帝大統三年（537）〈造中興寺石像〉碑文即記載了當時國城上下村邑諸郡守及都督的施田行爲：「將軍殿中將軍北襄州別駕從事史張起字興眾僧□檀越主施田二十五畝……將軍殿中將軍邯鄲縣□□舍落得仕養檀越主施田三十畝。鎮西將軍荊州主簿□□□陽二縣令南陽□□張成字紹興息伏寶□六拾檀越主施田十畝寧遠將軍都督宗伯仁□白田檀越主施田五十畝（下略）」。轉引道端良秀《中國佛教社會經濟史の研究》（京都：平樂寺書店，昭和58年），頁41。

〔註52〕《兩京新記》"信義"作"信行"。

〔註53〕《太平廣記》第十冊，頁4047～4048。

〔註54〕關於中國佛教寺院寺產的來源及其用處，得參見道端良秀著《中國佛教社會

此"無盡藏"，並非信行自創，而是遵循佛典相關記載所設立〔註 55〕。關於這點，包括《釋氏要覽》卷三"長生錢"條：

> 寺院長生錢。律云：無盡財蓋子母展轉，無盡故。《兩京記》云：「寺中有無盡藏。」又則天經序云：「將二親之所蓄用，兩京之舊居，莫不總結招提之宇，咸充無盡之藏。」《十誦律》云：「以佛塔物出息，佛聽之。」《僧祇》云：「供養佛華多，聽賣買香油。猶多者，賣入佛無盡財中。」（詳諸律。三寶皆有無盡財）〔註 56〕

以及《佛祖統紀》卷三十四，"無盡財"條：

> 無盡財：供養佛華多聽轉賣買香油，猶多者轉賣無盡財中（僧祇律、釋氏要覽云：世言長生錢者是也。子母滋生，故稱無盡）。〔註 57〕

都證明了，"無盡藏"又稱"無盡財"與"長生錢"。其取名"無盡"的用意在於寺院以三寶錢出借取息，以"子母展轉，無盡故"得名。"長生錢"之名亦取於此意。至於無盡藏的設立目的，依據道宣《四分律行事鈔資持記》卷七所說：「三出貸者謂暫借也。……次科以錢出利。如母生子，故名息也。西竺三寶各有無盡財。謂常存供養，滋生不竭故。」〔註 58〕乃是寺院以三寶錢從事典當、借貸藉以滋生利息以供三寶日用的一種經濟行為〔註 59〕。《行事鈔》卷五：「僧祇：供養佛華，多聽轉賣買香燈。猶故多者轉賣著佛無盡財中。」〔註 60〕以及「十誦僧祇：塔物出息取利，還著塔物無盡財中。佛物出息，還著佛無盡財中。」〔註 61〕亦可資證明。對此，僧傳中亦不乏關於無盡財的記載，《宋高僧傳》卷十五〈道標傳〉載有：「置田畝歲收萬斛，置無盡財，與

經濟史の研究》第一章「中國佛教史における寺院經濟の研究」本論第二「寺產の目的」以及第二章第三節「寺院經濟支出論」第三「佛事法會等の費」，頁 19〜29、172〜183。

〔註 55〕關於三階教無盡藏的深入探討，得參見矢吹慶輝著《三階教の研究》（東京：岩波書店，昭和 2 年）。以及道端良秀著《中國佛教社會經濟史の研究》（京都：平樂寺書店）。

〔註 56〕《大正藏》卷五十四，頁 304b。

〔註 57〕《大正藏》卷四十九，頁 319a。

〔註 58〕《大正藏》卷四十，頁 281a。

〔註 59〕寺院的典當事業古稱"質庫"。得名的原因在於最早的典當事業即俗人將物品質押於寺院倉庫。關於中國中古時期寺院的典當事業，得參閱楊聯陞著〈佛教寺院與國史上四種籌措金錢的制度〉，收於氏著《國史探微》（台北：聯經出版社，1983 年），頁 267〜289。

〔註 60〕《大正藏》卷四十，頁 57b。

〔註 61〕《大正藏》卷四十，頁 57c。

眾共之。」〔註62〕卷十六〈神湊傳〉載有:「由茲檀施,臻集于躬,即迴入常住無盡財中與眾共之。」〔註63〕卷二十〈圓觀傳〉記載:「大曆末與李源為忘形之友。源父憕居守,天寶末陷於賊中。遂將家業,捨入洛城北慧林寺,即憕之別墅也。以為公用無盡財也。」〔註64〕都是例證。

## 三、盂蘭盆會的施行對象

依據《盂蘭盆經》的記載,盂蘭盆供的主要目的在於為供盆者個人現世父母、七世父母與六親眷屬追福薦亡之用,是以盂蘭盆會的主要施行對象即是前述供盆者個人的現世父母、七世父母與六親眷屬〔註65〕。除此之外,由於《盂蘭盆經》的安排目連母親為"餓鬼身"並非出於偶然,則盂蘭盆會的施行對象同時包含了對於"餓鬼"的濟度。本節以下,即以這兩部份為討論重點並加以陳述。

### (一)現世父母、七世父母與六親眷屬

事實上,《盂蘭盆經》經文中對於個人現世父母、七世父母以及六親眷屬追福薦亡的態度,正與現存大量北朝造像銘記的祈願內容相符合。以下僅抄錄幾件造像題記作為說明:

1. 南齊永明元年(483)七月十五日比丘釋玄嵩造像記:
   齊永明元年歲次癸亥七月十五日,西涼比丘釋玄嵩為帝主、臣王、累世師長、父母、兄弟、六親眷屬及一切眾生,敬造無量壽當來彌勒佛二世尊像。〔註66〕

2. 正始二年(505)正月初八大般涅槃經張寶護題記願文:
   雇文士敬寫《大般涅槃》一部。為七世父母、所生父母、家眷大小、內外親戚,遠離三途,值遇三寶。〔註67〕

3. P.2907 永平五年(512)五月五日大般涅槃經李季翼(為亡姐)題記願文:

---

〔註62〕《大正藏》卷五十,頁803c。
〔註63〕《大正藏》卷五十,頁807a。
〔註64〕《大正藏》卷五十,頁839c。
〔註65〕關於《報恩奉盆經》與《盂蘭盆經》中五種親屬與六親眷屬之間的差異,由於本文第二章第一節已經討論過,此處即不再贅述。
〔註66〕《中國西南石窟藝術》,〈四川及重慶石窟造像紀年與重要碑刻〉,頁36。
〔註67〕黃徵,吳偉編校《敦煌願文集》(湖南岳麓書社,1995年),頁808。

以此誓因，逮及先師、七世父母、現今家眷，得蒙是福。〔註68〕

4. 〈正光三年（522）北魏三村長幼化主李相海等造像記〉：〔註69〕

大魏正光三年。歲次壬寅。八月二日。夫王宮遺教。鵠琳餘□。□道沖玄。無濟可尋。神功髣□。有念斯在。……。仰願國界嚴□。□如清土。上爲七世父母。所生父母。因緣眷屬。又願法界有形。咸蒙斯福。……。

左相開明主隊正李山□爲七代父母見存妻子一心供養。

左相開明主隊正李□□妻楊爲□□□七代□……。

副化主李志謹爲七代父母及見存息敬道敬福供養佛□。

供養主楊仁智爲七代父母見存母兄有熾一心供養佛□。

願成主李方迪爲七代父母亡妻陳見存息玄素供養。

大施主李都蓋爲七代父母及見存合家供養佛。

東面邑□李仲孫爲七代□……。

浮圖主李禽獻爲七代父母及見存妻子供養佛時。

右相開明主李進榮爲七代父母□見存□胡□供養佛。

大施主李武誇爲七代父母及見存□胡□供養佛。

典錄主李世□爲七代父母及見存妻女一心供養。

5. 西魏文帝大統六年（540）七月十五日臣史光等邑義造像記：

臣史光，仰爲皇帝陛下，大丞相，七世所生父母，存亡眷屬，爲一切眾生敬造。〔註70〕

6. 西魏文帝大統六年（540）七月十五日吉長命造像記：

清信士佛弟子吉長命爲忘（亡）父母闔門大小，一切眾生造石像一軀。願彌勒下生願在初首。〔註71〕

而上述造像銘文中所透露的這股對於個人家族祈福追薦的風氣，正好印證了東漢末年黨錮之禍後，士人心態的由原本心繫天下安危轉而爲關注個人身家

〔註68〕《敦煌願文集》，頁810。

〔註69〕馬衡《凡將齋金石叢稿》（北京：中華書局，1977年），頁368～372。

〔註70〕大村西崖，《支那美術史雕塑篇》（東京：國書刊行，1917年），頁289。

〔註71〕《文物參考資料》1985年第四期（北京：文物出版社），頁22～23。龕左側有造碑人吉長命及其叔父的側立像及姓名。右側則是吉長命祖父、父親的側立像及姓名。石碑最外兩側則刻有吉長命祖母、母親以及幾個兄弟的側立像及姓名。

之保全的歷史事實。尤其是晉室南渡之後，北方士族處於異族統治下的艱苦境況，更是大大促進了家族乃至宗族的彼此團結。北方士族所存在的這股重視家族的風氣，正好落實於這些北朝造像銘文的內容。〔註72〕

關於經文中"七世父母"一詞的用法出處與解釋，長期以來盂蘭盆相關研究皆未曾針對這個問題加以深入討論，反倒是佛教藝術史學者在整理解讀現存北朝造像銘記時，首先發現了這個問題〔註73〕。"七世父母"一語，根據佐藤智水先生考察，所指爲造像者本人上溯七代的祖先，其並指出這種奉爲七世父母造像追福的行爲背後含有中國傳統崇拜祖靈、祭祀祖先的意思於內〔註74〕。至於林保堯先生〈東魏武定元年銘石造釋迦五尊立像略考──造像記文的造像像主與造像對象試析〉一文，則在佐藤一文的研究基礎上，進一步嘗試追溯出"七世父母"一語用法的出處源頭。該文中，林保堯先是提出七世一語並非中國傳統用語的看法，再根據七世一語首度出現的地點爲涼州的地緣背景判斷（涼州一地乃是當時西域胡僧東進我國傳譯經典的重要門戶）〔註75〕，提出"七世父母"出處源頭應該是印度的看法。〔註76〕

綜觀上述二文對於"七世父母"一語的討論，主要存在兩個盲點未曾注意到。第一，佐藤治水先生未曾針對"七世父母"一詞是否源於中土加以深入討論。關於這點，雖然林保堯先生有所發覺，然而在其文章中同樣缺乏這方面的探討。第二、兩篇文章中皆忽略掉了，"七世父母"的用語其實可以在佛典中找到相同用語。

〔註72〕關於這點，可參見錢穆先生所著《國史大綱》上冊，頁143～144。以及余英時先生所著〈漢晉之際士之新自覺與新精神〉，收於氏著《中國知識階層史論：古代篇》（台北：聯經出版社，1980年），頁206～219。

〔註73〕關於"七世父母"一詞的研究，日本學者佐藤智水先生〈北朝造像銘考〉，《史學雜誌》第八十六編第十號，1997年，頁1～47；以及林保堯先生〈東魏武定元年銘石造釋迦五尊立像略考──造像記文的造像像主與造像對象試析〉，《東方宗教研究》新一期，1990年，頁15～39，皆曾經討論過這個問題。

〔註74〕參見佐藤智水，〈北朝造像銘考〉，頁19。

〔註75〕根據佐藤先生的研究，七世之語的用法直到緣禾三年（434A.D.）的〈北涼白雙阜造石塔記〉才首度出現。參見氏著〈北朝造像銘考〉，頁19。

〔註76〕在該文中作者先是提到日本學者赤沼智善先生以及山口益先生皆曾提到「七世或七世父母原是古代印度人的信仰用語」，不過在於該條註釋中作者又補充說「然而，有關『七世』一語的起源及實態，二書皆未涉及，故至今仍不明。」見氏著〈東魏武定元年銘石造釋迦五尊立像略考──造像記文的造像像主與造像對象試析〉，頁20。

　　第一、關於"七世父母"並非出於中土用語一事。爲何可以斷定"七世父母"一語用法並非出於中土，原因大致有以下幾點：

1. 依據中國古代禮法，個人對於親戚之稱呼皆有所規定。對於個人歷代父母的稱呼，翻諸古籍，只見有稱始祖父母、太祖父母、高祖父母、曾祖父母、祖父母、考妣等等，從不曾見有記載△世父母者。

2. 古代禮制雖有天子祭七廟、諸侯五廟、大夫三廟的傳統，然而此與"七世父母"仍舊相去甚遠。

3. 《太平經合校》卷十八〈解承負訣〉在提到所謂的「承負」觀念時，曾提到，若某人之先祖積有大功，其子孫雖行惡猶能得善，此即因爲該人得到先祖之庇蔭。在該文中提到了「承負」的影響可以上溯五代祖先。然而在此引起我們興趣的是，文中對於五代先祖的用法爲「五祖」而非「五世父母」：

　　力行善反得惡者，是承負先人之過，流災前後積來害此人也。其行惡反得善者，是先人深有積畜大功，來流及此人也。能行大功萬萬倍之，先人雖有餘殃，不能及此人也。因復過去，流其後世，先人雖有餘殃，不能及此人也。因復過去，流其後世，成承五祖。一小周十世，而一反初。〔註77〕

4. 《灌頂經》第一卷《佛說灌頂七萬二千神王護比丘咒經》有載：

　　師又語言汝七祖。爲九幽所羅魂在大山。當以匹帛隨方之色。救贖汝等七祖之魂。拔除汝等七世之過。〔註78〕

此段經文，多少摻雜了道教承負說於內。值得注意的是，經文中在提到七代先祖時，所使用的詞彙與前述《太平經》一樣，是使用△祖的形式而非△世父母〔註79〕。關於這點，現存北朝造像銘文中之所以在七世父母之外亦可見到七代先亡、七世所生、七世先靈、七世亡靈、七世幽魂等用法，皆證明"七世父母"一詞本非中土用語。之所以會發生上述的紊亂狀況，正可資瞭解當時中土民眾初乍接觸此一詞彙的受容過程。

---

〔註77〕　王明編《太平經合校》（北京：中華書局，1980年），頁23。

〔註78〕　《大正藏》第二十一卷，頁499a。

〔註79〕　其實據筆者翻閱相關道教辭典後亦發現，道經中《皇經集注》卷八《護持品九章》中亦載有「爲其作男女，顯貴人崇重，七祖得超昇。」（《道教大辭典》「七祖條」，北京：華夏出版社，1994年，頁31）；道教濟度祖先的用詞中之「九玄七祖」亦是同樣觀念下的產物。

第二、"七世父母"佛教內部的相關解釋：

由於"七世父母"一詞已經確定並非源於中土用語，再加上佛典中同樣存在"七世父母"的用語，則造像銘文中"七世父母"一語的用法顯然與佛教關係極為密切。對此，根據筆者檢閱藏內經典發現，佛典中出現"七世父母"一語的情況主要有以下二種情形：第一種，也是出現次數最爲頻繁者，即《放光般若經》卷十四所云：「卿父母字某、卿兄弟妹姊字某、卿朋友知識親族字某、卿七世父母字某、卿從某國某縣某村落生。」〔註80〕或者《大般若波羅蜜多經》卷三三二所載：「汝身名某、父母名某、兄弟名某、姊妹名某、親友眷屬乃至七世父母宗親各名爲某。」〔註81〕此類用法。綜觀這類經文，經文中之所以使用到七世父母一詞，幾乎皆是由於印度種姓制度對於血統純正性的重視，導致了經文中一旦要強調某人血統的純正，必然得不厭其詳的介紹該人的父母、親眷乃至上溯七世父母以資證明〔註82〕。據此，此類經文的用法與造像銘文的主旨並不符合。

第二種，即本文前面已經指出的，包含《佛說灌洗佛形像經》、《灌臘經》以及《盂蘭盆經》經文中皆出現的，對於"七世父母"薦亡追福的描述。很顯然，上述此類經文中"七世父母"一語的用法應該與造像銘文中的用法非常相近。

而問題即出在於經文中"七世父母"一詞的意涵，並非如佐藤智水與林保堯論文中所說那樣簡單。據筆者檢閱現存文獻，佛教內部關於"七世父母"一詞的解釋，至少即存在兩種不同的說法。

第一種說法，可以唐慧淨（578～645？）在其《盂蘭盆經讚述》的解釋爲代表：

> 經曰：當爲七世父母現在父母厄難中者。述曰：明修意也。當爲七
> 世父母，酬遠恩也，則七世父母。現在者，益近恩也，則親生父母。
> 然親累七世，彰覆載之難違。恩及幽眾，顯含育之罔極。所以目連

〔註80〕《放光般若經》卷十四，《大正藏》第八卷，頁96b。唐道宣《四分律刪繁補闕行事鈔》亦曾針對七世父母提出解釋：「律七世父母爲親里，且據父親有亡世不同：一高祖。二曾祖。三禰祖。四父。五己身。六兒七孫是也。」《大正藏》第四十卷，頁67c。

〔註81〕《大般若波羅蜜多經》卷三三二，《大正藏》第五卷，頁704c。

〔註82〕佛典中形容一個人血統純正的用語中，除了上述作溯其七世父母外，形容人父母"七世清淨"亦是其中一個說法。參見《大方等大集經菩薩念佛三昧分》卷一，《大正藏》第十三卷，頁834a。

小志，唯請近親。大聖慈寬，愛及七世也。〔註83〕

慧淨根據恩之遠近說明，爲何經文強調對於父母以及七世父母的追福。其解釋大致與佐藤治水先生的看法相同，傾向於將“七世父母”解釋爲施主個人的“七代祖先”。相類似的說法，亦見存於《大般涅槃經》卷三〈壽命品〉中：

迦葉菩薩復白佛言：世尊！我從今始，當以佛法眾僧三事常住，啓悟父母乃至七世皆令奉持。〔註84〕

參閱隋淨影寺慧遠《大般涅槃經義記》所作註釋：「七世父母隨生何道，迦葉皆往而爲開化，如佛昇天爲母說法。」〔註85〕爲何《大般涅槃經》經文中強調迦葉菩薩起悟父母乃至七世而非三世、五世？印度《摩奴法典》（Mānava-Dharma-Sāstra）卷三所記載，婆羅門教規定身爲人子者應肩負起「月月新月之日，維持聖火的婆羅門，在祭供祖靈糕餅（Pindas）之後，應舉行賓陀跋訶利耶（Pindānwāhārya）的斯陀羅（Sṛāddha）超渡祭。」〔註86〕並「延請讀過全部聖典，並特別精通梨俱吠陀的婆羅門；非常精通耶柔吠陀，並通曉吠陀分的婆羅門；或讀完聖典，但特別精通娑摩吠陀的婆羅門，來分享祭品。只須這三種人的一種，在受到尊敬的接待後，分享供物，以便行祭人的七代祖先感到永恆不渝的滿意就夠了。」〔註87〕同樣強調了對於“七代祖先”的祭祀。如此一來，若將七世父母解釋成個人七代祖先的話，則此一用語的出處應該來自印度古代傳統習俗。

　　第二種解釋，則以唐宗密（780～841）《佛說盂蘭盆經疏》的說法爲代表〔註88〕。宗密在其疏文中，對於“七世父母”所存在的兩種不同解釋，提出了以下評論：

然父母有遠近、恩有輕重、報有分全。遠者七世乃至多世，近者即

〔註83〕《大正藏》第八十五卷，No.2781，頁542b。
〔註84〕《大般涅槃經》卷三，《大正藏》第十二卷，頁382c。相同的經文亦見《大般涅槃經》卷三，頁622c。
〔註85〕《大般涅槃經義記》卷三，《大正藏》第三十七卷，頁660c。
〔註86〕據譯者引用柯爾布魯克關於印度宗教儀式的論文（《亞細亞研究》第七卷），斯陀羅一詞含義適用於印度禮敬諸神和諸祖靈的各種儀式。印度人相信，若不舉行此種儀式，亡靈將無法得到超生。見《摩奴法典》卷三，第一二二條，頁70。
〔註87〕見《摩奴法典》卷三，第一四五條，頁70。
〔註88〕例如宋普觀《盂蘭盆經疏會古通今記》以及宋遇榮《盂蘭盆經疏孝衡鈔》皆接受了宗密對於“七世父母”的解釋。

生此身。七世者：外教所宗，人以形質爲本，傳體相續以父祖已上
爲七世，故偏尊於父。佛教所宗，人以靈識爲本，四大形質爲靈識
所依，世世生生皆有父母生養，此身已去乃至七生所生父母爲七世
也。然寄託之處惟在母胎，生來乳哺懷抱亦多是母，故偏重母。是
以經中但云報乳哺之恩也。乃至多世者，於中偏取歸依佛已來所有
生身父母，能生我身修道器故，諸佛成道之時，多生父母皆相會
遇。〔註89〕

值得注意的是，雖然同樣以恩之遠近作爲說明，然而宗密認爲將七世父母解
釋爲"父祖以上七世"，乃外教偏重於父的看法。依據佛教的立場，由於人
的出生其「寄託之處惟在母胎，生來乳哺懷抱亦多是母，故偏重母。是以經
中但云報乳哺之恩也。」因此七世父母所指爲過去七世"生身父母"〔註90〕。
疏文後面宗密更進一步指出"外教"者即"儒教"：

當爲七世父母及現在父母厄難中者。當爲者，能救之心，七世下所
救之境，約境明心故云勝也。七世者，所生父，不同儒教。取上
代祖宗厄難中者，通於存歿。歿則地獄、鬼畜，存則病痛枷禁，皆
名厄難。七世父母雖似轉疏，皆是生我修道之器。既蒙鞠育，豈負
深恩？〔註91〕

然而關於"七世父母"一詞的解釋，筆者認爲學界長期以來一直忽略了"七
世"中的"七"字，其實與古印度、西亞民族對於神秘數字"七"的崇拜有
著極密切的關係。關於這點，大陸學者元文琪的研究指出，古伊朗信仰中存
在對於神秘數字七的崇拜，並指出此聖數七在字面意涵之外，還喻指"無限
大"和循環的周期。對於前者，作者舉用了祆教神話中"七位一體神"中的
聖數七即含有無限大的象徵意義：表面上看是"七位一體神"，實際包含了
一切善神。至於後者，元文琪舉用古希伯來神話故事中，上帝使用六天創造
天地、動植物與人類，將第七天規定爲安息日爲例，指出以七天爲周期的規

〔註89〕《佛說盂蘭盆經疏》下卷，《大正藏》第三十九卷，No.1792，頁508a。
〔註90〕此處值得玩味的是，宗密已經點出了《盂蘭盆經》中目連救母的主題其實是
更符合佛教的教義。而宗密的舉用佛陀爲報母恩上忉利天的故事以爲說明，
亦令筆者聯想起唐中葉以後普遍流行於民間的十恩德中母恩佔了全部，而父
恩卻僅勉強佔有遠行憶念恩、爲造惡業恩、究竟憐憫恩三者的情況。這樣一
個情形，除了說明了母愛的偉大之外，也可資思考目連救母故事之所以能夠
流傳如此之廣的原因。
〔註91〕《佛說盂蘭盆經疏》下卷，頁510c。

定，意味著數字從一至七的無窮循環。據此，數字"七"顯然象徵著數之極限。〔註92〕

此外，"七世父母"一詞的中的"七世"，應該視爲無窮世的象徵。在這樣一個理解下，"七世父母"所指稱對象，包含了供養者個人"無始劫"以來所有生身父母。如此一來，《盂蘭盆經》所云對於七世父母的濟拔，將可擴充解釋成對於無始劫以來生身父母的濟拔。

此外根據諸如《觀佛三昧海經・觀四無量心品》：

> 佛告大眾，三界眾生輪迴六趣，如旋火輪。或爲父母兄弟宗親。三界一切無不是汝所親之者，云何起意生殺嫉心？……佛告大眾，夫慈心者，應當起想先緣所親，繫念之時，念己父母受諸苦惱。有不孝者，念己妻子所愛眾生受諸苦惱。〔註93〕

《大乘本生心地觀經・報恩品》：

> 有情輪迴生六道，猶如車輪無始終。或爲父母爲男女，世世生生互有恩。如見父母等無差，不證聖智無由識。一切男子皆是父，一切女人皆是母。如何未報前世恩，卻生異念成怨嫉。〔註94〕

等記載，既然眾生無始以來互爲父子親眷，由於輪迴六道是以不知。一旦知道此一道理，基於吾國傳統孝道觀念，在「一切男子皆是父、一切女人皆是母」的情況下，梁武帝之所以要求僧侶斷肉食的理由再充分不過〔註95〕。據此，則前述將盂蘭盆經中對於七世父母的追薦擴充爲對於無始劫以來父母的追薦，其實正符合了大乘佛教的究竟慈悲觀。在此觀念下，既然一切眾生皆爲吾父、吾母，則盂蘭盆會對於七世父母的追薦自然可以亦包含了對於一切眾生的濟拔。這一點，相信有助於釐清爲何盂蘭盆會在唐代以後會與焰口施食逐漸合流，並於宋代轉型變爲以施食餓鬼爲主的普度儀式。

至於造像銘文中"七世父母"一詞用於指稱造像者過去七世所生父母的例子，筆者以下即僅舉幾例以資說明：

1. 大統六年（540）七月十五日臣史光等邑義造像記：

---

〔註92〕參見元文琪，《二元神論：古波斯宗教神話研究》，（北京：中國社會科學出版社，1997年），頁137～143。
〔註93〕《觀佛三昧海經》卷六〈觀四無量心品〉，《大正藏》第十五卷，頁673b。
〔註94〕《大乘本生心地觀經》卷三〈報恩品〉，《大正藏》第三卷，頁302b。
〔註95〕關於梁武帝敕令僧侶斷肉食的歷史，得參見顏尚文著《梁武帝》第六章第一節「斷酒肉法會的過程與理論基礎」。

臣史光，仰爲皇帝陛下，大丞相，七世所生父母，存亡眷屬，爲一
切眾生敬造。〔註96〕

2. S.1329 比丘尼明勝寫大涅槃經發願文：

以此之福，願上及曠劫宗師，七世父母。〔註97〕

3. 南齊永明元年（483）七月十五日比丘釋玄嵩造像記：

齊永明元年歲次癸亥七月十五日，西涼比丘釋玄嵩爲帝主臣王累世
師長、父母兄弟六親眷屬及一切眾生，敬造無量壽當來彌勒佛二世
尊像。〔註98〕

綜合上述的討論，可以大致獲得得以幾項結論：第一，"七世父母"一詞依據
內典存在兩種解釋，不過兩者皆非出於中土用語。第二，"七世父母"的一
詞解釋，經過中國民眾的受容後，將其與中國傳統祖先祭祀相結合。現存北
朝造像銘文中七世祖先、七代父母、七世先亡、七世先靈、七世久遠等用語
的存在即是最佳例證。第三，若將"七世父母"的七字做無限解，則盂蘭盆
會的追薦對象將從施主個人父母擴充爲所有眾生。而這點正好與現存北朝造
像銘文中所存在大量對於一切眾生的祈福內容所反應的大乘慈悲觀相符合。

除此之外，值得注意的一件事是，根據佐藤先生的統計，在其所搜集的
1360 件北朝造像銘文當中（金銅像 272 件，石像 1088 件），造像對象曾提到
"七世父母"者佔了全部 23%〔註99〕。這樣一個現象，說明了早在盂蘭盆會
出現之前，民眾已藉由造像寫經等不同行事達到追薦自己親眷乃至七世父母
的目的。這也說明了，《佛說灌洗佛形像經》、《灌臘經》以及《盂蘭盆經》經
文所以刻意強調"七世父母"的追福並不是憑空出現的。

### （二）關於餓鬼的濟度〔註100〕

關於《盂蘭盆經》中目連母親轉生餓鬼道的安排，筆者個人認爲這中間
有三件事值得加以注意。第一，經文中此一安排是否有其經教上的依據？第

---

〔註96〕大村西崖《支那美術史雕塑篇》（東京：國書刊行，1917 年），頁 289。
〔註97〕黃徵、吳偉編校《敦煌願文集》，湖南岳麓書社，1995 年，頁 860。
〔註98〕《中國西南石窟藝術》，〈四川及重慶石窟造像紀年與重要碑刻〉，頁 36。
〔註99〕參見佐藤智水，〈北朝造像銘考〉，頁 18～19。
〔註100〕餓鬼者，梵語 preta，巴利語 peta，音譯爲薛荔多、閉戾多、俾禮多、卑利多、
　　　　彌荔多、閉多等等，餓鬼爲義翻。其爲三途之一，五趣（五道）或六趣（六
　　　　道）之一。以前生造惡業、多貪欲者，死後生爲餓鬼，常苦於飢渴。又作鬼
　　　　道、鬼趣、餓鬼道。參見《佛光大辭典》"餓鬼"條，頁 6366。

二、佛典中的餓鬼與中國傳統祭祀觀之間有何關係？其對於民眾的接受盂蘭盆會有何幫助？第三、經文中此一安排與盂蘭盆會在宋代以後逐漸變成以施食爲主的普度儀式有何牽連？以下我即從此三方面加以討論。

### 1. 經文安排目連母親是餓鬼之身的原因

根據《盂蘭盆經》的經文內容：

> 大目犍連始得六通，欲度父母，報乳哺之恩。即以道眼觀視世間，見其亡母生餓鬼中，不見飲食，皮骨連立。目連悲哀，即以缽盛飯，往餉其母，母得缽飯，即以左手障缽，右手摶食，食未入口，化成火炭，遂不得食。〔註101〕

可以知道，經文中特別突出了關於目連母親墮爲餓鬼之身，受盡種種苦楚的描寫。對此，之前學界的相關研究都將焦點放在佛典故事中目連與餓鬼之間的特殊關係，而忽略了經文這樣一個安排有其教理上不得不然的原因。根據道世《法苑珠林》引《中阿含經》的記載：「若爲死人布施、祭祀者，若生入餓鬼中者得食，除餘趣不得。由各有活命食故。若親族不生中者，但施自得其福。」〔註102〕可以知道，就佛教教義而言，爲亡者祭祀設食的行爲，唯有亡者轉生於餓鬼道者能夠得食。此亦爲何顏之推所著《顏氏家訓》中會提出：「四時祭祀，周孔所教，欲人勿死其親，不忘孝道也。求諸內典，則無益焉。」此種論說的主要原因。

### 2. 餓鬼與傳統祭祀的關係

誠如隋杜台卿《玉燭寶典》中所提到的：

> 春秋宣十年傳子父曰：鬼猶求食，若敖氏之鬼，不其餒而？注云：餒，餓也。襄二十年傳寧惠子曰：猶有鬼吾有餒而已，不來食矣。注亦云：餒，餓也。吾鬼神有如自餓餒也，吾而已不來，從汝享食。大涅槃經云：餓鬼眾生飢渴士，所逼於百千歲，未曾得聞漿水之名。遇斯飢渴即除。是則儒書內典，餒餓一義。以佛力能轉故。〔註103〕

---

〔註101〕《大正藏》第十六卷，頁 770c。

〔註102〕《法苑珠林》卷六十二，《大正藏》第五十三卷，頁 754b。相同記載可見道宣《行事鈔》卷十一（《大正藏》第四十卷，頁 137a）；《諸經要集》卷十九（《大正藏》第五十四卷，頁 183a）。

〔註103〕轉引於永井政之，〈中國仏教と民眾：歲時記にあらわれた佛教〉，《駒澤大學仏教部研究紀要》第四十三號，昭和 60 年，頁 234。

根據《左傳》宣公四年子父〔註104〕以及襄公二十年甯惠子〔註105〕兩則記載，早在佛教傳入中國之前，中國人即存在類似於佛教餓鬼的觀念：認爲人死後如果缺乏後代子孫的祭祀，將因此而餓肚子。關於這點，睡虎地漢墓出土編號第十一號的《日書》中的出現餓鬼此一詞彙亦可資證明。〔註106〕

此外，根據宋僧宗曉編《施食通覽》引遵式著〈改祭修齋決疑頌并序〉所載：

> 第三疑：家眷死後，祭祀得食不得食耶？釋曰：若墮餓鬼，祭祀之時或有得食。若在焰口之鬼，雖祭亦不得食。阿含經云：「若爲死人布施祭祀者，若死入餓鬼中得食。若生餘處，必不得食也。六道萬品，受報差殊，父母死亡豈皆作鬼？世人不識，一向祭祀，甚無理也。」〔註107〕

可以想見，當初目連故事在中國推廣的過程中，必然得助於中國本自存有的餓鬼觀念許多。然而誠如前面已經加以指出的，儒釋之間關於人死後的薦亡儀式存在極大出入。依造佛教的觀念，中國傳統爲亡者祭祀奠以血食的作法，不僅無益於亡者，反而「翻增罪累」。此外，若依據上引遵式的說法，雖然亡者轉生於餓鬼道，然而一旦如同目連母親般淪爲焰口之鬼，就連祭祀亦不能得食。而這點，亦是《盂蘭盆經》中佛陀告知目連唯有藉由供養安居自恣僧侶方能濟拔其母親餓鬼之苦的原因所在。

正由於儒釋間對於人死後的薦亡儀式存在如此差異，是以早在郗超的《奉法要》中，即已出現「齋者普爲先亡，見在知識親屬，並及一切眾生，皆當因此至誠，玄想感發。心既感發，則終免罪苦。是以忠孝之士，務加勉勵，良以兼拯之功，非徒在己故也。」〔註108〕此類呼應遵式所言改祭修齋的內

---

〔註104〕詳細原文爲：「初，楚司馬子良生子越椒。子文曰：『必殺之！是子也，熊虎之狀而豺狼之聲，弗殺，必滅若敖氏矣。諺曰：狼子野心，是乃狼也，其可畜乎？子良不可。子文以爲大感。及將死，聚其族曰：「椒也知政，乃速行矣，無及於難。」且泣曰：『鬼猶求食，若敖氏之鬼，不其餒而？』

〔註105〕詳細原文爲：「甯惠子疾，召悼子曰：『吾得罪於君，悔而無及也。名藏在諸侯之策，曰：孫林父、甯殖出其君。君入，則掩之。若能掩之，則吾子也。若不能，猶有鬼神，吾有餒而已，不來食矣。』悼子許諾，惠子遂卒。」

〔註106〕參見法・安那・賽德爾（Anna K. Seidel）著，蔣見元、劉凌譯《西方道教史研究史》（上海古籍出版社，2000年），頁100。

〔註107〕《施食通覽》，《卍續藏》第一〇一冊，頁217b。

〔註108〕《弘明集》卷十三，《大正藏》卷五十二，頁86b。

容。〔註109〕

### 3.經文中此一安排對於宋代以後盂蘭盆會與施食儀軌的合流的影響力

關於這個問題，據遵式〈修盂蘭盆方法九門〉「問答釋疑第九」的記載：

> 問：目連何不用阿難所請咒法咒法即面然經也令母得食？答：起教
> 逗機，各有由矣。如世種種方藥，爲對種種病。故彼經且云得食，
> 先明度脫。此中別示苦緣，要令升出爾。問：奉盆之外更嚮先靈何
> 妨？答：奉盆得脫，更嚮何鬼？如人免罪出獄自然歸家，又更送食
> 耶？既蒙福生天，復云嚮鬼，雖欲從命，恐成矛盾。問：若然者，
> 一反修供便得生天。何故令年年奉盆？答：多益。盆福彌助人天，
> 設復苦報未除，理宜頻薦。惡道有輕重，心有厚薄問：若許若有未
> 除，何妨更祭？答：苦有三途四趣，不例爲鬼。況鬼有等差，不例
> 得食。如目連母豈得食耶唯宜薦福，苦樂皆資。若執祭儀，未窮鬼
> 道。故中阿含經云：若爲死人布施祭祀者布施如奉盆也並其祭祀雙
> 行正如前問若生餓鬼者得食，餘趣不得，由各有活命食故。若親族
> 不生其中者，但施自得其福。勸施不勸祭也準意應云：人死若生餓
> 鬼及不生者，但行布施，蒙福解脫。不須祭祀方成了義。應知猶是
> 中含隨情許祭餓鬼然雖縱許意在全奪。〔註110〕

基於《盂蘭盆經》中關於目連運用神力送食於餓鬼之身母親無效的情節，一旦在唐代密宗的傳入焰口施食儀軌後，自然會有信徒提出「何不用阿難所請咒法令母得食」的問題。事實上，這個問題已經涉及到佛教內部不同儀軌之間的競爭關係。而眞實的歷史發展告訴了我們，誠如前面已經提過的，在視一切眾生爲吾父、吾母的大乘慈悲觀下，盂蘭盆會的薦亡對象同樣因之擴充爲對於一切眾生的濟拔。如此一來，唐代出現的焰口施食儀軌正好補強了盂蘭盆會儀式中最弱的一環：儀式中的相關儀軌。此外，根據信徒提問：「奉盆之外更嚮先靈何妨？」遵式的回答說，「奉盆得脫，更嚮何鬼？」於是引發信徒

---

〔註109〕此種主張"改祭爲齋"的態度，具筆者閱讀所及，《顏氏家訓‧終制篇》中：
「若報罔極之德、霜露之悲，有時齋供，及七月半盂蘭盆，望於汝也。」此
段記載自亦屬之。此外，宗密《佛說盂蘭盆經疏》卷上亦載有：「問：父母生
於餘趣，則可改祭爲齋。如墮鬼中，寧無饗祀？答：黍稷非馨，蘋蘩可薦。
應知禴祭，勝於殺牛。況鬼神等差，豈皆受饗？」（《大正藏》卷三十九，頁
505c）。
〔註110〕慧觀重編，《金園集》卷上，《卍續藏》第一一一冊，頁115c～116d。

的質疑「若然者，一反修供，便得生天。何故令年年奉盆？」這當中傳遞了兩件重要訊息：第一、民眾在行盂蘭盆供的同時並不曾放棄傳統對於先靈的祭祀，是以猶有此問。第二、遵式的回答，凸顯了盂蘭盆會儀式中一直存在，卻無人提及的一個盲點：如果說供養安居自恣僧團的功德確實如同經文所宣稱的那樣神奇，那麼照說為人子者不需每年行盂蘭盆供，以其亡親已然離苦得樂故。此外，從遵式文中頻頻質疑傳統祭祀的效力，並大力鼓吹改祭修齋的態度看來，正好可以呼應了文章前面「斥非顯是第八」所說：

> 吳越之俗，亦存盂蘭之設。但名下喪實，良可痛哉！每至此日，或在本家，或寄僧舍，廣備疏食，列祀先靈。冥衣紙錢，憑火而化，略同簠簋之薦，未干蘭供之羞。〔註111〕

據此，不難想見盂蘭盆會何以最終在宋代會轉變成以施食儀軌為主普度法會了。

## 四、文獻中的相關記載

### （一）法顯（340～？）《法顯傳》記載

> 或言未至廣州。或言已過。莫知所定。即乘小舶入浦覓人欲問其處。得兩獵人即將歸令法顯譯語問之。法顯先安慰之。徐問。汝是何人。答言。我是佛弟子。又問。汝入山何所求。其便詭言。明當七月十五日，欲取桃臘佛。〔註112〕

根據上文，再參考慧琳《一切經音義》中關於"臘佛"的解釋：

> 臘佛（謂坐臘臘餅也。今七月十五日夏罷獻供之餅也）。〔註113〕

則法顯所處年代，山東一地的信徒似乎已流行在農曆七月十五日以桃果供養夏罷自恣僧侶的習俗。〔註114〕

### （二）宗懍（約498～561）《荊楚歲時記》的記載

> 二月八日，釋氏下生之日，迦文成道之時，信捨之家，建八關齋戒；車輪寶蓋，七變八會之燈，平旦執香花遶城一匝，謂之「行城」。

> 四月八日，諸寺設齊、以五色香水浴佛、共作龍華會。

---

〔註111〕《卍續藏》第一一一冊。

〔註112〕《高僧法顯傳》卷一，《大正藏》卷五十，頁866b。

〔註113〕《一切經音義》卷六十四，《大正藏》卷五十三，頁732a。

〔註114〕甚至有學者據此將中土舉行盂蘭盆會的時間上推至四世紀末。

　　四月十五日，僧尼就禪剎掛搭、謂之結夏、又謂之結制。

　　七月十五日，僧尼道俗、悉營盆供諸佛。〔註115〕

根據宗懍的記載，除了七月十五日的舉行盆供外，當時荊楚地方的歲時節日中，與佛教有關的節日還包含了二月八日佛陀成道日的行像，四月八日佛誕日的浴佛會，以及四月十五日僧團的結夏安居。

　　同樣的情形亦出現在中國北部。根據侯旭東先生所收集整理的 406 年至 580 年 1602 則北朝造像題記內容，可以發現隨著時間越往後面，造像時間有越往二月八日、四月八日、七月十五日集中這樣一個情況。〔註116〕

## 統計表

| 時　　　間 | 二月八日 | 四月八日 | 七月十五日 |
|---|---|---|---|
| 440～449 | 1 | | |
| 450～459 | | | |
| 460～469 | | 1 | |
| 470～479 | 1 | 2 | |
| 480～489 | | 1 | |
| 490～499 | | 2 | 2 |
| 500～509 | 1 | 2 | |
| 510～519 | | 5 | 4 |
| 520～529 | 1 | 5 | 2 |
| 530～539 | | 10 | 3 |
| 540～549 | 5 | 11 | 8 |
| 550～559 | 3 | 15 | 11 |
| 560～569 | 11 | 23 | 12 |
| 570～579 | 2 | 5 | 4 |

　　就筆者看來，這是造像者已經開始注意到這三天在佛教年中行事的特殊地位的徵兆。尤其是集中於七月十五日的情況，更是引起筆者的注意。據筆者檢索上述七月十五日造像題記，發現到許多題記內容中出現了相似於《盂蘭盆經》的內容。

　　以下僅抄錄十件造像題記作爲說明：

〔註115〕諸「佛」，有作仙者，初學記、太平御覽作「諸寺」，藝文類聚、歲時廣記作「諸寺院」。

〔註116〕參見侯旭東《五、六世紀北方民眾佛教信仰》（中國社會科學出版社，1998年），頁 250～251。

1. 南齊永明元年（483）七月十五日比丘釋玄嵩造像記：

   齊永明元年歲次癸亥七月十五日，西涼比丘釋玄嵩為帝主臣王累世師長父母兄弟六親眷屬及一切眾生，敬造無量壽當來彌勒佛二世尊像。〔註117〕

2. 北魏孝明帝神龜二年（519）七月十五日比丘慧端八十餘人等造像記：

   □象□□□八十餘人等（中缺）父母□□眷屬（中缺）願□生。

   〔註118〕

3. 北魏建義元年（528）七月十五日慧詮等造像記：

   沙門慧詮，弟子李興為父母造彌勒像一軀。〔註119〕

4. 西魏文帝大統四年（538）七月十五日僧演造像記：

   僧演減割衣缽之資，造石像壹區金像三區……供養僧三十人。上為國主百僚師徒所生法界之類咸同正覺。〔註120〕

5. 西魏文帝大統六年（540）七月十五日臣史光等邑義造像記：

   臣史光，仰為皇帝陛下，大丞相，七世所生父母，存亡眷屬，為一切眾生敬造。〔註121〕

6. 西魏文帝大統六年（540）七月十五日韓道义題記：

   韓道义造像一軀，仰為七世父母，一□。

7. 西魏文帝大統六年（540）七月十五日吉長命造像記：

   清信士佛弟子吉長命為忘（亡）父母闔門大小，一切眾生造石像一軀。願彌勒下生願在初首。〔註122〕

---

〔註117〕《中國西南石窟藝術》，〈四川及重慶石窟造像紀年與重要碑刻〉，頁36。

〔註118〕《石刻史料新編》（二）冊十三（台北：新文豐出版公司，1982年），頁9949。

〔註119〕《北京圖書館藏中國歷代石刻拓本匯編》第五冊（鄭洲：中州古籍出版社，1989年），頁96。

〔註120〕清・王昶《金石萃編》卷三十二〈東魏三〉，收在《石刻史料新編》（一）冊一，頁580。石碑正面四行分別刻有「亡父龍谷、亡母妙容、亡弟鍾尵、比丘法隆、比丘道要」意味著，當時僧演在七月十五日造像供僧的主要目的是為了其亡父、亡母、亡弟以及兩位僧人追福之用。

〔註121〕大村西崖《支那美術史雕塑篇》（東京：國書刊行，1917年），頁289。

〔註122〕《文物參考資料》1985年第四期（北京：文物出版社），頁22～23。龕左側有造碑人吉長命及其叔父的側立像及姓名。右側則是吉長命祖父、父親的側立像及姓名。石碑最外兩側則刻有吉長命祖母、母親以及幾個兄弟的側立像及姓名。

8. 東魏武定二年（544）七月十五日王子貢造彌勒佛：

為祖父母、下為已身造彌勒佛像一軀。〔註123〕

9. 北齊文宣帝天保九年（558）七月十五日王頻造像記：

敬造彌勒時佛一軀，仰為亡夫夏若生□令亡夫託生西方妙樂國土，
師僧父母、居眷大小、一切眾生咸同斯福。〔註124〕

10. 北齊天統二年（566）七月十五日兄弟三人造觀世音青銅像趺座銘：

敬造觀世音一軀，為亡父母、現在有為、七世父母、因緣眷屬、遍
地眾生、□□得樂，一時成佛。〔註125〕

題記中為父母、七世父母、六親眷屬的追福內容，與盂蘭盆會的追薦對象極
為相似。其意味著早在盂蘭盆會出現中國之前，已經有部分民眾選擇在七月
十五日當天從事類似於盂蘭盆會的宗教儀式。

### （三）顏之推（531～約590以後）《顏氏家訓》記載

死者，人之常分，不可免也。……靈筵勿設枕几，朔望祥禫〔註126〕，
惟下白粥清水乾棗，不得有酒肉餅果之祭。親友來餽酹者，一皆拒
之。汝曹若違吾心，有加先妣，則陷父不孝，在汝安乎？其內典功
德，隨力所至。勿刳竭生資，使凍餒也。四時祭祀，周孔所教，欲
人勿死其親，不忘孝道也。求諸內典，則無益焉。殺生為之，翻增
罪累。若報周極之德、霜露之悲，有時齋供，及七月半盂蘭盆，望
於汝也。〔註127〕

相較於《荊楚歲時記》記載了中國南方荊楚地區的舉行盂蘭盆會。《顏氏家訓》
可資證明華北地區同樣亦舉行著盂蘭盆會。

### （四）隋杜台卿《玉燭寶典》記載〔註128〕

附說曰：案盂蘭盆經云：大目健連見其亡母，生餓鬼中，皮骨連柱。

---

〔註123〕李靜傑主編《中國金銅佛》（北京：宗教文化，1996年），頁73。

〔註124〕《北京圖書館藏中國歷代石刻拓本匯編》第七冊（鄭洲：中州古籍出版社，
1989年），頁75。

〔註125〕《中國金銅佛》，頁105。

〔註126〕《禮記・雜記下》：「十三月而祥，十五月而禫。」

〔註127〕北齊顏之推撰，清趙曦明注、盧文弨補（台北：藝文印書館，民國56年），
頁374～379。

〔註128〕杜公瞻（約581～625）為《玉燭寶典》作者杜台卿之侄，是以今日所見宗懍
《荊楚歲時記》中注文，多引自《玉燭寶典》。

目連悲哀，即缽盛飯，法餉其母。食未入口，化成火炭，遂不得食。目連大叫，馳還白佛。佛言：汝母罪根深重，非汝一人力所奈何，當須十方眾僧威神之力。吾今當說救濟之法。佛告目連：七月十五日，當爲七世父母厄難中者，具飯百味五菓，盡世甘美以著盆中，供養十方大德。佛敕十方眾僧，皆爲施主家咒願七世父母，行禪定意，然後食物受盆。時先安佛塔前，眾僧咒願竟，便自受食。即於是日，脫一切餓鬼之苦。目連白佛，未來世佛弟子，行孝順者亦應奉盂蘭盆供養。佛言：大善。故今世因此廣爲華飾，乃至刻木剖竹，帖蠟剪綵模花葉之形，極工妙之巧。春秋宣十年傳子父曰：鬼猶求食，若敖氏之鬼，不其餒而？注云：餒，餓也。襄二十年傳寧惠子曰：猶有鬼吾有餒而已，不來食矣。注亦云：餒，餓也。吾鬼神有如自餓餒也，吾而已不來，從汝享食。大涅槃經云：餓鬼眾生飢渴士，所逼於百千歲，未曾得聞漿水之名。遇斯飢渴即除。是則儒書內典，餒餓一義。以佛力能轉故。……四月十五日僧眾安居，至此日限滿，以後名爲自恣。盆經云：（佛）歡喜日、僧自恣日，以百味餅（飲）食安盂蘭盆中。十方自恣僧咒願，便使現在父母福樂百年，無一切苦渴之患，七世父母離餓鬼苦。大涅又云：如秋月十五日夜，清淨圓滿，無諸雲翳，一切眾生，無不瞻仰。後品，佛爲阿闍世，入月愛三昧故〔註129〕，於此時發，懇重心求轉障耳。〔註130〕

杜台卿的記載，傳遞了以下幾個訊息：(1)當時盂蘭盆會依據的佛典是《盂蘭盆經》而非《報恩奉盆經》。(2)當時人們將"盂蘭盆"理解成裝飾美麗的盆子，於是競相以木、竹等材料雕鏤精美的圖案，並加上花葉的裝飾，極盡工巧。(3)文中引用《左傳》論證儒釋對於餓鬼的解釋其實是相同的。(4)文中強調自恣日是僧團安居的最後一日。

## （五）僧傳中關於僧團夏安居的描寫

1. 根據《高僧傳》卷二〈曇摩流支傳〉記載：

〔註129〕《妙法蓮華經玄義》卷五（T09, no.1716, p.734, c19~23）：「大涅槃云。月愛三昧。從初一日至十五日。光色漸漸增長。又從十六日至三十日。光色漸漸損減。光色增長。譬十五智德摩訶般若。光色漸減。譬十五斷德無累解脫。」

〔註130〕轉引於永井政之，〈中國仏教と民眾：歲時記にあらわれた佛教〉，《駒澤大學仏教部研究紀要》第四十三號，昭和60年，頁234。

頃之南適江陵，於辛寺夏坐，開講十誦。（T.50, 333a）〔註131〕

《高僧傳》卷十一〈法成傳〉：

夏坐講律事竟辭反。〔註132〕

唐冥詳撰《大唐故三藏玄奘法師行狀》：

以武德五年。於城都受具。坐夏學律。〔註133〕

《宋高僧傳》卷八〈道亮傳〉：

（神龍元年）入長樂大內坐夏安居。時帝（中宗）命受菩薩戒。

〔註134〕

《宋高僧傳》卷十四〈文綱傳〉：

其年（景龍二年）於乾陵宮為內尼受戒。復於宮中坐夏，為二聖內

尼講四分律一遍。〔註135〕

可以知道，僧侶安居期間的活動，大部分皆與律法有關。包括講律、習律、
授戒、說戒等等。

　　2. 依據《續高僧傳》卷十三〈釋慧因傳〉記載：

吾被閻羅王召，夏坐講大品般若。於冥道中講經三月。〔註136〕

則僧侶夏安居期間亦有講說佛典的習慣。

　　3. 依據《續高僧傳》卷十五〈慧璿傳〉記載：

釋慧璿……貞觀二十三年，講涅槃經。四月八日夜，山神告曰：『法
師疾作房宇。不久當生西方。』至七月十四日講盂蘭盆經竟。斂手
曰：「生常信施，今須通散。一毫以上，捨入十方眾僧及窮獨乞人，
并諸異道。」言已，而終於法座矣。〔註137〕

根據上文，無法確定慧璿法師所講《涅槃經》是否已於僧團安居之前講完。
不過依據《涅槃經》的經文長度推測，應該是在夏座期間方得以講完。不過
可以確定的是，慧璿法師在貞觀二十三年（649）這年夏安居期間曾講說《盂
蘭盆經》。此條記載之所以引人注目的原因，在於其講說的經典並非律典乃至

〔註131〕《大正藏》卷五十，頁333a。
〔註132〕《大正藏》卷五十，頁399a。
〔註133〕《大正藏》卷五十，頁241b。
〔註134〕《大正藏》卷五十，頁757c。
〔註135〕《大正藏》卷五十，頁792a。
〔註136〕《大正藏》卷五十，頁522a。
〔註137〕《大正藏》卷五十，頁539a。

《般若經》、《法華經》或者《涅槃經》等大經,而是《盂蘭盆經》。若將慧璿法師的講說《盂蘭盆經》與隋唐期間開始出現為《盂蘭盆經》注疏兜在一起加以考量,不難推斷《盂蘭盆經》當時的普遍流傳情形〔註138〕。此外亦可資證明入唐以後,七月十五日這個節日就佛教內部而言已經統一將其視為盂蘭盆節了。

### (六)《續高僧傳》卷二十九〈釋德美傳〉

> 釋德美(575~636),……自開皇之末,終於大業十年,年別大施,
> 其例咸爾。默將滅度,以普福田業委於美,美頂行之。故悲敬兩田,
> 年常一施,或給衣服,或濟餱糧;及諸造福處多有置竭,皆來祈造,
> 通皆賑給。又至夏末,諸寺受盆,隨有盆處,皆送物往。故俗所謂
> 普盆錢也。〔註139〕

根據德美(575~636)的傳記,可以想見當時各寺似乎皆置有提供信徒放置供物的"盂蘭盆"。每年七月十五日當天,信徒們會將供物送往置有"盂蘭盆"的寺院。當時民眾將這些供物稱為"普盆錢"。至於"普盆錢"的用處,可以參照 S.721 三階教殘卷《大乘法界無盡藏法釋》(第九斷片)所載:

> 第二普別相對者,准依勝鬘經說:「我從今日乃至菩提,不自為己受
> 畜財物。凡有所受,悉為成熟貧苦眾生。」〔註140〕此義即是。普別
> 相對者,捨別取普也。不因凡夫無始以來所蓄財物,但為己身及
> 己親屬。設復施他或為人情報恩憑力,不為成熟貧苦眾生。今無
> 盡藏菩薩行施,不觀三代貴賤、善惡、邪正、大小、怨親平等,普
> 施一切。……是故隨處多少皆得普同、所以名易,七月十五日盂蘭
> 盆等是。所在州縣造功德處,皆得普超隨喜助成,不必要須送化度
> 寺。〔註141〕

以及《全唐文》卷二十八,唐玄宗開元元年(713年)四月所下嚴禁仕女向三階教無盡藏布施金錢的敕旨:

> 聞化度寺及福先寺三階僧創無盡藏。每年正月四日,天下士女施

〔註138〕根據現存藏內經錄顯示,在慧璿法師所處時代以及之前,至少已有吉藏(549~623)與惠淨(578~645?)曾為《盂蘭盆經》做疏。見日本永超編(1094)《東域傳燈目錄》,《大正藏》卷五十五,頁1152b。

〔註139〕《大正藏》卷五十,頁697a。

〔註140〕抄自劉宋求那跋陀羅譯《勝鬘經》卷一,《大正藏》卷十二,頁271c。

〔註141〕《三階教殘卷》(台北:彌勒出版社,1980年),頁173。

錢，名曰"護法"，稱濟貧弱。奸欺事眞正，即宜禁斷。其藏錢付

御史臺、河南府勾會知數，明爲文簿，待後處分。〔註142〕

此"普盆錢"的用處在普施貧苦眾生之餘，必然亦迴入三階教的無盡藏當中。由於無盡藏的用處前面已經說明，此處不再贅述。

## 第三節　若干教理上不同的解釋

關於《盂蘭盆經》經文內容所存在的相關問題，筆者以爲大致存在以下幾項疑點：

第一、根據經文內容，盂蘭盆會顯然是在僧團解夏自恣的基礎上加入了目連救母故事而成的經典。然而問題在於，原本強調對於"現世"結夏自恣僧團尋求拯濟、薦亡的盂蘭盆會儀式，在經文添加了「當此之日……或六通自在教化聲聞緣覺、或十地菩薩大人，權現比丘，在大眾中，皆同一心，受鉢和羅飯」此部分內容後，一方面削弱了儀式中原本刻意突出的現世僧團的威信力；另一方面也造成了佛教內部在決定該經屬於小乘經典或者大乘經典時的困擾。〔註143〕

第二、經文中關於信徒盆供物品的後續處理，並沒有做任何細部交代（僅提到供物中的食物由僧侶受用）。正因爲如此，學界之前的研究大多忽略了關於盆會中供養物品的處理及流向。一直到 Teiser 該文才藉由道世（約 668）《法苑珠林》"祭祠篇"中"獻佛部"的記載加以討論介紹。〔註144〕

第三、經文中關於目連母親「得脫一劫餓鬼之苦」的描述，明顯與經文前面「若七世父母生天，自在化生，入天華光。」所述有所出入〔註145〕。關

---

〔註142〕《全唐文》卷二十八。同一道敕旨亦見載於《冊府元龜》卷一五九，頁 15，只不過文中將此道敕旨時間訂爲開元九年（712 年）四月壬寅日。

〔註143〕例如：宗密在《佛說盂蘭盆經疏》中將該經歸於「今此經者，謂是人天乘所攝，在小乘藏中。」（《大正藏》第三十九卷，頁 506b）宋僧可觀《議蘭盆五章》：「圭山判爲人天乘，撫華斷云約所救人說。今謂：經云七世父母離餓鬼苦生人天中者，此是改報人天，爲受道器。若乃聞經結益，須約得道，況復得道，又有多塗。若曉此意，須以大乘爲教相也。」則將此經判爲大乘經典（出《山家義苑》，《卍續藏》第一〇一冊，頁 87d～88a）。

〔註144〕見《法苑珠林》卷六十二，《大正藏》第五十三卷，頁 750b～752a；Teiser, *The Ghost Festival in Medieval China*, p.66~71。

〔註145〕關於這點，宗密在著疏中亦已提到，其指出「目連聞經且是受教施設盆供，合在餘時。今說經次，便云脫餓鬼者，譯經闕略也。」《大正藏》第三十九卷，頁 511b～c。

於此點，可以從兩個層面加以討論。

（一）若從經文上下文意的銜接角度來看，經文描述：

> 時目連母即於是日，得脫一劫餓鬼之苦。目連復白佛言：「弟子所生母，得蒙三寶功德之力，眾僧威神力故。若未來世，一切佛弟子，亦應奉盂蘭盆，救度現在父母，乃至七世父母，可為爾否？（T.16, 779c）

不僅目連母親只「得脫一劫餓鬼之苦」的描述並不合理外〔註146〕，目連白佛所言「弟子所生母，得蒙三寶功德之力，眾僧威神力故」明顯亦有所缺文。關於後者，照理經文在目連白佛告知自己母親「得蒙三寶功德之力，眾僧威神力故」之後，應該接著陳述母親的離苦得樂，而不是馬上銜接後面屬於啟教的經文。至於前者，如果說「得脫一劫餓鬼之苦」並無問題，則顯然經文尚有下文尚未解釋清楚。因為目連母親尚未達到經文前面宣稱的「若七世父母生天，自在化生，入天華光。」〔註147〕除此之外，根據隋杜台卿《玉燭寶典》引《盂蘭盆經》經文作「（目連母）即於是日，脫一切餓鬼之苦。」〔註148〕我們有充足的理由懷疑經文中「脫一"劫"餓鬼之苦」的描述應當即「一"切"餓鬼之苦」的傳抄筆誤所致。原因是，一旦經文還原為「得脫一切餓鬼之苦」之後，連帶前面所提到的缺文，皆可以因此獲得解決。試看：

> 時目連母即於是日，得脫一切餓鬼之苦。目連復白佛言：「弟子所生母，得蒙三寶功德之力，眾僧威神力故，（得脫一切餓鬼之苦）。若未來世，一切佛弟子，亦應奉盂蘭盆，救度現在父母，乃至七世父母，可為爾否？」

整段經文就文意的銜接而言，相對完整許多。

（二）從另外一個角度來看，經文中此種不確定性的內容描述（故事明顯尚未講完），提供了後來民間文學創作者極大的揮灑空間。

---

〔註146〕目連的最終目的應該是如佛陀前面所宣稱的，要令其母「生天，自在化生，入天華光。」，而不僅僅是「得脫一劫餓鬼之苦」而已。

〔註147〕可以參閱附錄書評中第三部分第四點，在目連變文故事中，目連母親獲得解脫的順序依次是先是脫餓鬼身轉為狗身（從餓鬼道上升至畜生道），然後去狗身為人身（從畜生道至人道），最後才是從人身轉為天人身份。總之，無論如何，故事的最終結尾一定會交代目連母親的轉生天界。

〔註148〕轉引於永井政之，〈中國仏教と民眾：歲時記にあらわれた佛教〉，《駒澤大學仏教部研究紀要》第四十三號，昭和60年，頁234。同樣的記載，亦見存《荊楚歲時記》杜公瞻注文。

# 第四章　目連所扮演的關鍵角色

　　盂蘭盆會之所以能成功的在中國這塊土壤取得廣大的共鳴，有很大的原因乃是得助於《盂蘭盆經》的主角目連。後世文學家以及僧侶以極大的想像力創造了目連上天下地各種故事情節。一如《目連緣起》〔註1〕及《大目乾連冥間救母變文並圖一卷》〔註2〕。關於這方面的研究，由於 Teiser 教授在其 *The ghost festival in medieval China* 中第四章「神話學的背景」（Mythological Background）已經做了相關討論，是以在本文中，筆者僅想針對 Teiser 文中未及討論的部分加以提出補充及說明。

## 一、憂多羅救母故事與《盂蘭盆經》

　　檢閱今日大藏經所收《撰集百緣經》卷五「優多羅母墮餓鬼緣」：

> 佛在王舍城迦蘭陀竹林，時彼國中有一長者，財寶無量。不可稱計，
> 選擇高門，娉以爲婦，作倡伎樂，用娛樂之。其婦懷妊滿足十月，
> 生一男兒，端政殊妙，世所希有。父母歡喜。因爲立字，名優多羅。
> 年漸長大，其父喪亡。兒自念言：我先父以來，販買治生，用成家
> 業。我今不宜學是法耶？然於佛法，甚懷信敬，今欲出家，便前白
> 母，求索出家。時母答曰：汝父既喪，我今便無，唯汝一子。汝今
> 云何，捨我出家。我今存在，終不聽汝出家入道。我亡沒後，隨汝
> 意去。爾時彼子，不果所願，心懷懊惱，即便語母：「若不聽我，今

---

〔註1〕《敦煌變文・佛教故事類》（二），現代佛學大系（台北：彌勒出版社，1982年），頁 417～429。

〔註2〕《敦煌變文・佛教故事類》，頁 430～471

必投巖，飲毒而死。」時母答言：「莫作是語，汝今何故，必欲出家？從今以去，若欲請諸沙門婆羅門等，我當設供隨汝供養。」兒聞是語，用自安隱，請諸沙門及婆羅門，數數向家而供養之。時彼兒母，見諸道士數數來往，甚懷懊惱，生厭患心，便出惡言。罵諸沙門婆羅門等，不欲生活，但仰百姓，甚可惡見。於時其兒，不在家中，其母但以飲食漿水，灑散棄地。時兒行還，便語之言：「汝出去後，我設餚饌，請諸沙門及婆羅門而供養之。」尋便將兒，示其棄飯漿水之處，我適供養，尋即出去。其兒聞已，甚用歡喜。於其後時，母便命終，墮餓鬼中。兒便出家，懃加精進，得阿羅漢果，在河岸邊窟中坐禪。有一餓鬼，其口乾燋，飢渴熱惱，來詣兒所。語比丘言：我是汝母。比丘怪言：「母生存時，常好布施，方今云何，返墮餓鬼，受斯報耶？」餓鬼答言：「以我慳貪，不能供養沙門婆羅門。以是之故，受餓鬼身，二十年中，未嘗得食及以漿水，設我向河及以泉池，水為至竭。若向果樹，樹為乾枯。我今飢渴熱惱所逼，不可具陳。」比丘問言：「何緣致是？」餓鬼答言：「我雖布施，心常慳惜。於諸沙門婆羅門所，無恭敬心，橫加罵辱，今受是報。汝今若能為我設供，施佛及僧，為我懺悔，我必當得脫餓鬼身。」時兒比丘，聞是語已，甚懷憐愍，即便勸化。辦設餚饌，請佛及僧，供養訖竟。時彼餓鬼，即現其身在於會中，發露懺悔。爾時世尊為此餓鬼，種種說法，心懷慚愧，即於其夜，便就命終，更受身形，墮飛行餓鬼中，頂戴天冠。著諸瓔珞，莊嚴其身。來至比丘所，又復語言：我故不脫餓鬼之身，汝更為我在所勸化，重設供養并諸床褥，施四方僧，乃可得脫餓鬼之身。時兒比丘，聞是語已，復更勸化，辦具飲食并諸床褥，施四方僧。供養訖竟，於是餓鬼復更現身在大眾前，尋更懺悔，即於其夜，取其命終，生忉利天，便作是念，我造何福，得來生此。尋自觀察，緣兒比丘為於我故，設諸餚饌請佛及僧，免餓鬼身，得來生天。我今當還報佛世尊及比丘恩，頂戴天冠，著諸瓔珞，莊嚴其身，齎持香花，來供養佛及兒比丘，供養已訖，卻坐一面，聽佛說法，心開意解，得須陀洹果，遶佛三匝，還詣天宮。佛說是優多羅緣時，諸比丘等，捨離慳貪，厭惡生死，有得須陀洹果者，斯陀含者，阿那含者，阿羅漢者。有發辟支佛心者，

有發無上菩提心者。爾時諸比丘，聞佛所說，歡喜奉行。〔註3〕

將發現優多羅救母故事確實與目連救母故事存在許多共通點：第一、兩位主角都是佛陀的弟子，而且兩人皆已證得阿羅漢果，具三明六通；第二、兩人的母親皆因故墮入了餓鬼道受苦；第三、兩人母親最終的超拔，皆是得力於供佛及僧〔註4〕。兩部經文的不同處在於：第一、優多羅救母並非出於主動，故事中拯救辦法出於優多羅母自說。第二、《盂蘭盆經》將「供養十方僧眾」的時間設定在僧團自恣日也就是七月十五日。第三、優多羅母親如何從餓鬼身轉生忉利天要比《盂蘭盆經》詳細且完整許多。

在確定兩則故事間的異同之後，接下來的問題即是得弄清楚優多羅救母故事在佛教相關經錄中，是否有其他記載。首先，根據《撰集百緣經》乃吳支謙所翻譯，可以確定此一故事傳入中國的時間大約在第三世紀末〔註5〕。此外，筆者檢閱梁僧祐《出三藏記集》時亦發現，文中卷二〈新集撰出新譯經律論錄第一〉中載有「優多羅母經一卷缺」〔註6〕。根據此條線索，可以推知僧祐當時，此部支謙所譯的《優多羅母經》已經佚失。綜合《撰集百緣經》與《出三藏記集》所載《優多羅母經》的譯經者皆是吳支謙的這項訊息，筆者以為《優多羅母經》應該是從《撰集百緣經》中所抄出的，且可能是當時頗為流行的一部小經。只是，若依據《經律異相》中抄錄有《優多羅母經》，照理說《優多羅母經》應該並未佚失才對〔註7〕。為了弄清楚當中的原委，以下即將《經律異相》中「珍重沙門母為餓鬼以方便救濟」抄錄於下：

> 昔有清信士，名優多羅，尊佛樂法親賢聖眾。月六齋奉八戒，絕殃行仁，群生護命，名曰珍重。榮華不能迴其心，豔女國寶不能亂其志。其信難傾，酒不歷口。孝從是務，過時不食。虛心稟道，香花脂粉未嘗附身，兵仗凶器不以毀德。遠愚親賢，以佛神化，喻其母

〔註3〕《撰集百緣經》卷五，《大正藏》第四卷，頁224c～225a。

〔註4〕值得注意的是，從優多羅救母故事中，可以發現經文中關於優多羅母親為何墮為餓鬼的詳細描述，正是《盂蘭盆經》所欠缺的。而這一部分，或許即後來目連變文故事作者寫作時的靈感來源。

〔註5〕根據《高僧傳》記載，支謙為三世紀末月支人，吳大帝黃武初至建興中（約222～253），在吳譯經，頗得朝野信重。參見《高僧傳》卷一，《大正藏》卷五十，頁325a。

〔註6〕《出三藏紀集》卷二，《大正藏》卷五十五，頁7a。僧祐將《憂多羅母經》判為支謙翻譯的佛典。

〔註7〕前面已經提過的，寶唱是僧祐的弟子，且兩書的撰寫時間相差並不遠，不應該發生這種事。

心。母信邪倒見，慳而不惠。壽終之後，子爲沙門，心穢寂滅，端坐樹下，觀察十方。常自念曰：「吾母死二十餘年，試尋所在，欲報生養之恩。」斯須之間有一餓鬼，醜黑可憎，髮長纏身，繞足曳地進退頓躓呼嗟無救。到沙門所曰：「吾與群愚，惡人爲黨，不信佛教，恣口所欲。今爲餓鬼，二十五年不見沙門，今日遇矣！死便餓渴，願以天潤，惠我水穀，濟吾微命。」沙門答曰：「大海清水，豈不足飲乎？」鬼曰：「適欲就飲，水化爲膿。參臭無量。獲飯，餐化爲炎炭，燒口下徹。惡鬼又以鐵鎖繫吾頸，鐵杖洞然，亂捶吾身。吾罪何重，乃至于斯。」沙門曰：「昔爲人時，違戾佛教，聾瞽爲黨，愚惑自逐。以禍爲福，守慳不施，貪取非分。」鬼泣淚曰：「誠如此矣。又吾處世爲人時，有男奉佛五戒，專守十善，爲清信士，六齋八戒未嘗有虧，以孝專親，以智奉聖。尋高清沙門之述，曲影追形，勸吾布施，供養聖眾。吾以無正眞之智，信狂愚妖言，今獲其禍，楚毒難陳。」垂泣而曰：「沙門哀我濟我。」沙門曰：「乃當斯戾，以何德攘禍乎？」鬼曰：「以瓶盛水，楊枝著中，以法服覆，上比丘僧，合飯具供養，舉吾名咒願之，令得衣食。其爲不久，夫有命終在餓鬼者，沙門咒願，皆應時得。」沙門如其言，瓶水楊技住其中，飯比丘僧，以法服上之僧。舉其名咒願。即有大池水中生蓮花，芬芳動身，果樹陰涼，所願從心。伴等五百人，怪之曰：斯子猶獨有何福助，早免重咎，願即從心乎。出優多羅母經。〔註8〕

仔細比對上文與優多羅墮餓鬼救母緣後，可以發現，《經律異相》中所抄錄的經文在內容上已和《撰集百緣經》中〈優多羅母墮餓鬼緣〉有所不同。第一、優多羅從原本具三明六通的大阿羅漢身份變成“月六齋奉八戒”的虔誠居士。第二、優多羅救母的行爲變成與目連一樣是主動思欲報恩。第三、經文中增添了優多羅身爲在家居士時“月六齋奉八戒”的描述內容。第四、該文中僅談到如何令餓鬼得食，而未談及餓鬼的超渡方法。第五、經文中不曾提到佛陀。經由上述經文的比對，可以確定寶唱所抄錄的《優多羅母經》應該並非祐錄中所提到的《優多羅母經》。〔註9〕

〔註8〕《大正藏》第五十三卷，頁107b～c。
〔註9〕值得注意的是，藉由上述討論，說明了《優多羅母經》在當時應該是極爲流行的一部小經。爲何此部經典在隋唐之後即逐漸不見相關經疏的提起，應是

此外經文中「以瓶盛水，楊枝著中。以法服覆，上比丘僧，合飯具供養，舉吾名咒願之，令得衣食。」此一呼名咒願能令餓鬼得食的說法，與《太平廣記》卷三三二〈唐晅〉中唐晅妻所云「自非四十年內。若於墓祭祀，都無益。必有鄉饗，但於月盡日、黃昏時，於野田中，或於河畔，呼名字，兒盡得也。」〔註10〕呼名得食說法，可說是不謀而合。兩者之間的關連，其實亦是一個值得深入探討的問題。

## 二、那舍長者本昔因緣罪福之事與《盂蘭盆經》

關於那舍長者故事與《盂蘭盆經》之間的關係，由於日本學者吉岡義豐教授〈盂蘭盆経・目連変の原型話について〉一文中已經做過相關的考證工作〔註11〕，本文不再贅述。不過鑑於吉岡教授一文中，似乎仍存有一些疑點待於討論。因此，本文將在吉岡義豐一文的基礎上繼續加以深入討論。首先，爲方便下文的討論，先將《普廣經》那舍本昔因緣罪福之事（以下簡稱那舍本昔因緣）抄錄於下：

> 佛告普廣及大眾人民天龍八部諸鬼神等，各各諦聽思惟吾言，我今欲於此大眾之中，說那舍長者本昔因緣罪福之事。此大長者居羅閱祇國，恒修仁義飢窮乏者。沙門婆羅門諸求索者，悉欲供養無所遺惜，父母大慳無供養心。長者有緣行至他方，晨朝澡洗，著衣結束已畢。跪拜父母，又手白言：「今有緣事往至他方，有少財物分爲三分：一分供養供給父母；一分珍寶施諸沙門及貧之者；餘有一分自欲持行。父母言受，於兒行後修諸福德，若有人來從求索者悉當施與。於是長者便辭父母遠至他方。如是去後，父母邪見無念子心，沙門、婆羅門及貧乏者往從乞丐，慳貪邪見無施與心。子行去後，若干日數應還到舍，父母計其應還歸家。往到市所，取豬羊骨頭蹄膏血，果蓏雜穀持散家中。那舍長者從遠方還，見其父母歡喜無量，接足禮拜問訊起居。父母亦復歡喜踊躍語那舍言：「我於汝行後爲汝設福沙門、婆羅門，國中孤老貧窮乞者，以汝財物悉施與之。」兒聞設福布施貧乏心大歡喜。又語兒言：「我亦復請諸沙門設福始竟，

一個值得玩味的問題。
〔註10〕　《太平廣記》，頁2636。
〔註11〕　收於氏著《吉岡義豐著作集》卷二（東京：五月書房，平成元年），頁143～154。

今日家中草穢狼藉猶未掃除。」兒見狼藉相貌如是，信其父母爲設福德，倍復歡喜踊躍無量。久後之間父母衰老，得諸病苦便即命終。那舍即便殯殮屍骸，安厝粗畢，從父母命終轉讀尊經，燒香禮拜歌詠讚歎無一時廢，竟于三七經聲不絕。作是思惟，我父母在世極憂念我，多修福德。今我又復請諸聖眾，想我父母緣此功德故，應往生十方剎土，供養恭敬面見諸佛。於是那舍忽得重病，奄便欲死，唯心上暖，家中大小未便殯殮。至七日後乃得蘇解，家中問言那舍長者病苦如是，本死今蘇，從何而來？長者那舍語其家言：「我數日來，善神將我，示以福堂無極之樂。又到地獄靡不經歷，眼中所睹唯苦痛耳。今我又見餓鬼住處，所生父母在中受苦。見我來看，悲號懊惱，欲求免脫，不能得出。我思父母在世之時，大修福德，意謂生天。而更墮在餓鬼獄中受諸苦惱？」那舍長者說此語已，向其家中懊惱流淚，我今家中當作何方功德之力，拔我父母使得解脫？那舍長者又自思惟，我父母昔病苦之時，大修福德欲終未終，及命終已然燈續明，轉經行道，齋戒一心，乃至三七未曾懈廢。而今父母而更生此罪苦地獄，必當有意，便問親族及諸耆宿。耆宿答言我不了此深妙之事，可往諮問佛世尊也。於是長者便往到佛所，頭面作禮胡跪合掌，而白佛言：「欲有啓請，唯願世尊慈愍不怪。」佛言便說。長者那舍說向因緣，父母在世常修福德，及命終後爲供三七至安厝畢。謂言生天，而更墮在地獄中。已問耆宿，耆宿不了，今故問佛爲我決疑。緣我重病奄便欲死，七日乃蘇，善神將我經歷地獄靡不周遍。以是因緣，得見父母在苦劇地。修福如此，而更墮罪，不解所以今故問佛。唯願世尊解釋我疑，修何福業令我父母解脫厄難，不遭苦患，悉得生天封受自然，快樂無極得涅槃道。

佛語長者：「汝一心諦聽我之所說。汝前欲行往至他方，留財寶物與汝父母，令汝父母修諸福德，父母邪見欺誑於汝，實不修福妄言爲作修諸福緣，以慳貪故墮彼地獄。」長者聞佛神口所說，疑惑永除作如是言，是我之過非父母咎。即於佛前代其父母，悔過此罪慳貪之殃，長者父母於彼地獄小得休息。佛語長者今我借汝天眼，使汝得見父母休息。長者於是承佛威神，見其父母皆得休息。那舍長者又白佛言：「今者又當作何福業，使我父母解脫彼苦？」佛語長者：

「今請諸聖眾，安居三月行道欲竟，可還家中作百味飲食之具種種
甘美以好淨器盛持供養，及好衣服，種種華香，金銀珍寶，雜碎供
具以施於僧，令汝得福，使汝父母解脫此難，不復更受餓鬼形也。」
長者那舍即如佛言，還家供辦不違尊教。作供養已，緣此生天，封
受自然無爲快樂。汝今欲見汝父母所生宮殿處不？今更以威神，令
汝得見，不復受苦。長者承佛威神之力，見其父母生在天上，諸天
娛樂，自在隨意，無復罣礙。佛告那舍：「罪福如是，不可不慎！如
長者眼所見心所開，故言自作自得，非天與人。如長者父母雖在餓
鬼，其罪小輕，一切餓鬼受罪甚重不可具說。長者父母其罪輕者，
有小福德扶接使爾。長者修福竟于三七日，於諸餓鬼受罪輕也。所
以然者，前章中言，『若人在世不識三寶，不修齋戒無善師教。過命
已後兄弟、父母、親屬、知識爲其修福，七分之中爲獲一也。』是
故長者父母有罪，雖在地獄餓鬼之中，受罪輕者，緣修福故七分獲
一。今修福德供養眾僧，以是因緣解脫眾難故得生天。〔註12〕

藉由兩部經文相比對，可以發現，那舍本昔因緣文中「今請諸聖眾，安居三
月行道欲竟，可還家中作百味飲食之具種種甘美以好淨器盛持供養，及好衣
服，種種華香，金銀珍寶，雜碎供具以施於僧，令汝得福，使汝父母解脫此
難，不復更受餓鬼形也。」此段描述與《盂蘭盆經》內容極爲相似。第一，
兩部經文在時間上皆強調供養的對象是三月安居的自恣僧侶。第二，文中關
於“百味飲食之具”等盆供內容的描述亦極相似。第三、度脫的對象都是餓
鬼。

由於兩者這部分的內容描述上的確太過相似，難免令人懷疑兩者之間是
否存在相互影響的特殊關係。爲了確定誰的成立時間較早，以下即對《普廣
經》的成立時間加以討論。

根據隋費長房《歷代三寶紀》的說法，該經爲東晉帛尸梨蜜多羅所翻譯
〔註13〕。據此，本經譯出時間的下限在於東晉成帝咸康（342）之前〔註14〕。
不過若依據祐錄將該經列於〈新集續撰失譯雜經錄〉，則費長房所提東晉帛尸
梨蜜多羅所譯的說法並不成立。依據《出三藏記集》卷四〈新集續撰失譯雜

---

〔註12〕《大正藏》第二十一卷，頁 530b～531b。
〔註13〕《歷代三寶紀》卷七，《大正藏》第四十九卷，頁 69a。
〔註14〕 參見《高僧傳》卷一〈帛尸梨蜜多羅傳〉，《大正藏》第五十卷，頁 327c～
328b。

經錄〉：

> 灌頂普廣經一卷，本名普廣菩薩經，或名灌頂隨願往生十方淨土經，
> 凡十一經。從七萬二千神王咒至召五方龍王咒凡九經，是舊集灌頂，
> 總名大灌頂經。從梵天神策及普廣經，拔除過罪經凡三卷，是後人
> 所集，足大灌頂為十二卷。其拔除過罪經一卷已摘入疑經錄中，故
> 不兩載。〔註15〕

以及卷五〈新集疑經偽撰錄〉所提：

> 灌頂經一卷，一名藥師琉璃光經，或名灌頂拔除過罪生死得度經。
> 右一部，宋孝武帝大明元年（547），秣林鹿野寺比丘慧簡依經抄撰。
> 此經後有續命法，所以遍行於世。〔註16〕

《灌頂經》存有新舊本之分，舊集灌頂僅包含前九卷。至於十二卷本新《灌頂經》，第十卷以下的《灌頂梵天神策經》、《灌頂隨願往生十方淨土經》、《拔除過罪經》三部經典都是後人為了補足十二卷的卷數所添加〔註17〕。該經最後一卷《拔除過罪經》，依據僧祐所說，乃宋孝武帝大明元年（457），秣林鹿野寺比丘慧簡依經抄撰。據此，《灌頂經》的成立時間應當在公元457年左右〔註18〕。那舍本昔因緣的出處《普廣經》的成立時間應當不晚於500年之後。因此，目前文獻尚不足以判定《普廣經》與《盂蘭盆經》是否存在直接關係。

此外，關於盂蘭盆會與那舍長者故事的關係，唐智儼所撰《華嚴經內章門等雜孔目章》，提供了珍貴的史料：

> 第四往生驗生法者，略有十門：一作道場門。安置道場，建彌陀佛
> 像，幡燈散華、洗浴燒香、禮佛行道。念阿彌陀，一日乃至七日，
> 驗得往生。二作三七日法。依前建立道場，念佛行道、懺悔禮拜，
> 誦大乘經，三七日滿驗得往生。三依十六觀及九品生，依經得分齊
> 者，驗得往生。四依盂蘭盆法，依那舍長者起教，造盂蘭盆。依教

〔註15〕《出三藏紀集》卷四，《大正藏》第五十五卷，頁31b。

〔註16〕《出三藏紀集》卷五，《大正藏》第五十五卷，頁39a。

〔註17〕此乃根據該經卷一《灌頂七萬二千神王護比丘咒經》所述：「今吾所演灌頂章句，十二部真實咒術，阿含所出諸經雜咒，盡欲化導諸眾生。」（《大正藏》第二十一卷，頁498c）

〔註18〕日本學者望月信亨先生曾提出該經第六卷《灌頂塚墓因緣四方神咒經》的成立時間大約在450～500年間。氏著《淨土教の起源及發達》，頁213。

成者，驗得往生。五依往生經，建立黃幡，及示佛像，并作灌頂法。若未終、若終時、已終竟如法成就，得驗往生。六觀其暖觸臨終之時，頭頂暖者，驗得往生。七依彌勒發問經，十念成就，盡其一報，亦驗此人定得往生。八驗中陰身，亦得往生。若親兒女，隨在一時，知彼父母所有行相，不依前件所驗相者，應爲別作三七日法，稱名行道、懺悔滅罪，至心徹到，驗得父母中陰往生。九依灌頂法，四月八日，灌頂佛像，及洗菩提樹，福及父母兄弟姊妹，並驗往生。十盡其一生，六時禮佛懺悔謝過，及來去往還皆參辭禮拜，謝過尊儀，無間絕者，驗得往生。」

（一）根據驗往生法第四，「依盂蘭盆法，依那舍長者起教，造盂蘭盆。依教成者，驗得往生。」智儼顯然將那舍長者啓教的內容視爲造盂蘭盆。

（二）根據上述十種驗往生法，可以發現包括第二〔註19〕、第四、第五〔註20〕、第八〔註21〕四種方法皆與《普廣經》有關，可以想見該經在當時所具有的影響力。目前學界關於中國早期淨土法們的討論似乎皆低估了《普廣經》的影響力。

## 三、佛典中目連形象與《盂蘭盆經》的關係

### （一）《盂蘭盆經》中的另一主題「神力不禁業力」

根據宗密《佛說盂蘭盆經疏》卷下記載：

母得缽飯便以左手障缽，右手揣食。食未入口，化成火炭，遂不得食。境隨心變，果藉業成。餓因未除，飽緣寧致？鬼是炬口，食近口而熾然；水作堅冰，冰近湯而確耳。即知神力不禁業力。〔註22〕

目連所以無法令母親得食的最關鍵原因，在於"神力不禁業力"的緣故。歷

---

〔註19〕參見《普廣經》：「若人臨終未終之日，當爲燒香，然燈續明。於塔寺中，表刹之上，懸命過幡，轉讀尊經竟三七日。所以然者，命終之人，在中陰中身如小兒，罪福未定，應爲修福。願亡者神使生十方無量刹土，承此功德必得往生。」（《大正藏》卷二十一，頁529c）

〔註20〕參見《普廣經》：「普廣菩薩白佛言。世尊若四輩男女。若臨終時若已過命。是其七日我今亦勸。造作黃幡懸著刹上。使獲福德離八難苦。得生十方諸佛淨土。」（《大正藏》卷二十一，頁530b）

〔註21〕參見《普廣經》：：「若人臨終未終之日……轉讀尊經竟三七日。所以然者，命終之人，在中陰中身如小兒，罪福未定，應爲修福。願亡者神使生十方無量刹土，承此功德必得往生。」（《大正藏》卷二十一，頁529c）

〔註22〕《大正藏》第十四卷，頁509b。

來學界在討論盂蘭盆文學相關主題時，雖然注意到了目連上天下地類似於
"巫"的形像所給予民眾的無限想像空間〔註23〕，卻忽略掉了《盂蘭盆經》
的另一個重要主題"神通不敵業力"其實同樣建立在神通第一的背景上。關
於這點，筆者注意到內典中以神通不敵業力作為主題的故事中，有名的兩則
故事皆與目連有關。

內典中神通不敵業力的故事中，最有名的即目連的死亡一事〔註24〕。根
據《根本說一切有部毗奈耶雜事》記載，目連是在出外弘法途中，為外道亂
棒所襲擊受傷後入涅槃的〔註25〕。為了解釋目連為何神通第一，卻無法自救
的問題，經文中巧妙的將佛教中神通不敵業力的思想融入此段經文。根據經
文的解釋：

> 時諸苾芻問舍利子曰：豈非大師聲聞眾中，說尊者目連神通第一。
> 答言：實說。仁等當知，業力最大。然大目連有大氣力，以足右指
> 蹴天帝釋戰勝之宮，能令搖動幾欲崩倒。於聲聞中，如來讚説有大
> 威力神通第一。然由前世業力所持，於神字尚不能憶，況發於通。
> （T.24, 287c）

舍利弗回答諸比丘，由於業力的緣故，使得目連遇襲的當下失去了神通，故
無法自救。

第二則神通不敵業力有名故事，是佛陀晚年，琉璃王滅迦毗羅衛國一
事。根據《增壹阿含經》卷二十六所載：

> 大目乾連聞流離王往征釋種。聞已，至世尊所，頭面禮足，在一面
> 立。爾時目連白世尊言：「今日流離王集四種兵往攻釋種，我今堪任
> 使流離王及四部兵，擲著他方世界。」世尊告曰：「汝豈能取釋種宿
> 緣，著他方世界乎？」時目連白佛言：「實不堪任使宿命緣，著他方
> 世界。」爾時世尊語目連曰：「汝還就坐。」目連復白佛言：「我今

〔註23〕特別是神足通。例如《增壹阿含經》卷二十九載有：「爾時尊者舍利弗語大目
連曰：諸賢聖以說快樂之義，汝今次說快樂之義。……目連報曰：於是比丘
有大神足，於神足而得自在。」

〔註24〕此事若從歷史學的角度來看，自然是反應了當時佛教在印度發展過程中所發
生的宗教暴力事件。參見于凌波《簡明佛教概論》（台北：東大圖書出版，1993
年），頁58。

〔註25〕見《根本說一切有部毗奈耶雜事》卷十八，《大正藏》第二十四卷，頁 287a
～c。又此事亦見《增壹阿含經》卷十八，唯沒有目連自說「業力現前，神字
尚不能憶」之語，《大正藏》第二卷，頁 639a～641a。

堪任移此迦毘羅越，著虛空中。」世尊告曰：「汝今堪能移釋種宿緣，
著虛空中乎？」目連報曰：「不也，世尊。」佛告目連：「汝今還就
本位。」爾時目連復白佛言：「唯願聽許以鐵籠疏覆迦毘羅越城上。」
世尊告曰：「云何？目連，能以鐵籠疏覆宿緣乎？」目連白佛：「不
也，世尊。」佛告目連：「汝今還就本位，釋種今日宿緣已熟，今當
受報。」〔註26〕

在釋迦族即將滅種的當時，目連曾經想要運用神通來阻止琉璃王的入侵。經
文中所提到目連想到的辦法有以下三種：一、運用神通力將琉璃王和他的軍
隊丟到他方世界中。二、將整個迦毘羅衛城移至虛空，讓琉璃王和他的軍隊
不得入侵。三、用鐵籠把整個迦毘羅衛城覆蓋起來，讓琉璃王和他的軍隊不
得入侵。然而三個想法都在佛陀的反問目連下被加以否決。根據佛教此一觀
念，再回頭來看《盂蘭盆經》中所描述的，目連雖然身為神通第一的大阿羅
漢，卻對於母親的受餓鬼報苦一點辦法也沒有，可以發現神通不敵業力應是
中《盂蘭盆經》的重要主題。

## （二）目連傳記中與盂蘭盆會有關的部分材料

首先，承續上一節所引用關於目連死亡故事的討論。事實上，之前的相
關研究在解釋目連的死亡，象徵著神通不敵業力的同時，往往都忽略掉了該
段經文中最後向提及一段目連的因緣譚。接續上引《根本說一切有部毘奈耶
雜事》的記載：

時諸苾芻咸皆有疑，請世尊曰：聖者目連曾作何業，被諸外道粉碎
其身？世尊告曰：汝等苾芻大目乾連自所作業，無人代受，乃至廣
說。乃往古昔，於一城處，有一婆羅門妻誕一男。年既長大，為其
娶婦，兒於婦處，極生愛戀。母瞋新婦，兒懷忿心，於其母處，不
為敬重。母責子曰：汝愛其婦，與我相違。婦聞是語，遂生惡念。
此之老母，年過容華，於己婿邊未能暫離，而更於我夫主強說過非。
從是已後，常求母過。後於異時，婦見姑嫜作私隱事，遂告其夫，
共生瞋忿。子告婦曰：愚癡老毫，尚不息心。於我少年，強生言責。

〔註26〕　《大正藏》第三卷，《增壹阿含經》卷二十六，頁 691b。據筆者所知，此事同
　　　　樣見載於《法句譬喻經》惡行品，《出曜經》惡行品等經文。只是後者在經文
　　　　中提到了目連真的以鉢置釋迦族數千人而出，然而鉢內眾人最終依舊化為血
　　　　水。

－83－

遂起惡心作磣害語：如何得有勇力之人，打彼身形，碎如搥葦。汝
等苾芻，勿生異念。往時婆羅門子即大目連，由於父母發生惡念作
無義言，於五百生中，身常被打碎如搥葦，乃至今日，最後生身。
於我弟子聲聞眾中，神通第一尚受斯報，是故汝等當知，先所作業
必須自受，無人代當，乃至廣說如是應學。（頁290）〔註27〕

佛陀告知了眾人目連之所以受此「粉碎其身」的惡報，乃是因為其過去世對
母親不孝，曾經起過想請人打碎其母的惡念而已，即遭受此世報。

此外相似的故事亦見《眾經撰雜譬喻》所載：

（一五）佛語目連：「汝對欲至。」目連言：「我有神力超蹈須彌山，
對若東來，我便向西；若北來，我當趣南，那得我耶？」佛語目連：
「罪福自然，不可得避。」遠飛不息，乃墮山中。時有車輻老公，
目連正墮其前，形狀似鬼。老公謂是惡物，舉車輻打之，即折其身。
目連被痛，甚羞懊惱，盡忘本識。佛哀念之，授其威神。爾乃得自
思惟，還復本形。是磣車輻老公，目連前世時父。目連與父諍，目
連意中念言：「撾殺此公骨折快也。」是以得此罪殃，慎莫作不孝之
罪。是以人生處世不可不慎心口而孝養父母也。〔註28〕

根據上引經文，此則故事同樣宣說著目連由於過去世不孝所種下的惡業，因
而引發了目連神通頓時消失無蹤的惡果。綜合以上兩則故事，可以知道內典
中目連所扮演的神通第一的角色，除了從報恩角度的上摩利支天，或者下地
獄救母等正面角色外，同樣包含了業報觀念下警戒眾人應當孝順父母的負面
角色。

---

〔註27〕《根本說一切有部毗奈耶雜事》卷十八，《大正藏》第二十四卷，頁290b。
〔註28〕《大正藏》第四卷，頁535a。

# 第五章　結　論

我將從以下三個方面概括本書的研究。

## 一、文獻上

經由第二章的討論，《灌臘經》與《盂蘭盆經》、《報恩奉盆經》皆存在關於七月十五日供僧為七世父母親眷追福薦亡，證明了《灌臘經》與《盂蘭盆經》、《報恩奉盆經》確實存在某種關係。文獻中，包括《普廣經》那舍長者故事、《冥祥記》慧達入冥事、《灌臘經》、《新歲經》皆強調七月十五日供養自恣僧眾的殊勝性，意味著佛教內部對於僧團自恣日的重視存在不同經典的源頭。造像銘記中出現造像時間集中在二月八日、四月八日以及七月十五日的現象，更是代表當時民眾已經開始認知七月十五日作為僧團安居自恣日的特殊性。

至於筆者文中抄錄，造像時間為七月十五日的銘文中，出現了為父母、七世父母以及親眷追福的文字，更說明了七月十五日這天，早在盂蘭盆會未出現之前，已經受到重視。這一點，《荊楚歲時記》中同時記載了二月八日、四月八日、四月十五日、七月十五日為當時流行節日，印證了造像銘記所呈現的趨勢。

此外，根據筆者就文獻中盂蘭盆會最早出現時間的討論，證明了法琳等人所提出的齊高帝首先舉行供盆說，確實是有其事實根據的。根據祐錄中〈法苑雜緣原始目錄序〉的記載，雖然無法證實齊高帝是否曾在七月十五日供盆，然而可以推斷盂蘭盆會已經開始流傳，遂有後來梁武帝普寺造盆說的出現。

## 二、儀式上

　　長期以來，學界關於盂蘭盆會的討論一直忽略了儀式這部分。在第三章，筆者依據《盂蘭盆經》分別就「法會的經典基礎」與「儀式內容」加以分析，大致將盂蘭盆儀式分做人、事、時、地等四個方面。根據祐錄、《南海寄歸內法傳》與敦煌文書等相關文獻的輔助，整個儀式過程大致如下：（一）行舍羅聚集大眾，宣布結夏，然後分配房舍。（二）安居過程中當禮佛誦經，精勤修行。（三）自恣日當天先是遣一僧人仿效阿難擊揵搥，行舍羅聚集大眾，然後坐於草蓐，進行自恣儀式。（四）自恣完為受法衣儀式。（五）最後即僧俗聚集僧院，各自將物供養自恣僧眾。供養物最後則由僧團均分。除此之外，筆者曾檢閱《佛說摩訶剎頭經》，發現經文中法錢、僧錢的收入正好可支僧團安居期間修治房舍以及伙食雜支的開銷。

　　根據中印安居法會儀式的比較，可以發現兩者的儀式大致相同。就好比二月八日的行像與四月八日的浴佛一樣，凡信奉佛教的地區，上述兩天皆會舉行盛大法會慶祝。據此，《荊楚歲時記》筆下荊楚地區所舉行的二月八日行城、四月八日浴佛、四月十五日安居、七月十五日供盆，皆可以將其視為伴隨佛教傳入中國後輸入的新節慶。關於這點，《日本書記》卷二十二，「設齋」條推古天皇十四年（606）：「自是年初每寺，四月八日、七月十五日設齋。」〔註1〕可資證明。

　　第三章「若干教理上不同的解釋」一節，則主要就《盂蘭盆經》所存在若干問題加以提出指正。

## 三、目連所扮演角色

　　本文第四章之所以特別討論目連故事與優多羅救母緣以及那舍長者故事之間的異同，主要為了說明佛教在唐代以前，佛教在中國的發展是多元而混亂的。盂蘭盆故事中相關情節在優多羅與那舍長者故事中亦可以看得到。問題在於，為何在唐代以後，上述優多羅與那舍長者故事被逐漸遺忘，而目連故事卻獲得了更大的表演舞台。關於這點，筆者認為主要在於盂蘭盆故事中主角目連在佛教內部的特殊地位，使得盂蘭盆故事得以在眾多競爭者當中脫穎而出。

　　以僧祐〈法苑雜緣原始目錄〉為例。因為僧祐對於那舍故事是非常熟悉

〔註 1〕　《日本書記》（東京：岩波書店，1967 年），頁 187。

的〔註2〕。是以爲何祐錄中記載了"盂蘭盆緣記"而捨棄《普廣經》那舍故事，
值得仔細玩味。同樣的情形，亦見於智儼所集《華嚴經內章門等雜孔目章》：
「依盂蘭盆法，依那舍長者起教，造盂蘭盆。依教成者，驗得往生。」〔註3〕
可以知道，就智儼而言，雖然兩者都具有往生淨土的功效，然而那舍長者啓
教被視爲"造盂蘭盆"，說明了智儼的態度與僧祐相同。

　　至於原因爲何，淨影寺慧遠與北周武帝之間的一段對話可資參考。當時
北周武帝以僧侶出家是爲不孝對慧遠說：「父母恩重，交資色養。棄親向疏，
未成至孝。」：慧遠則回答「佛亦聽僧冬夏隨緣修道，春秋歸家侍養。故目連
乞食餉母，如來擔棺臨葬。此理大通，未可獨廢。」〔註4〕慧遠之所以舉用目
連與佛陀爲證，自然是著眼於佛陀與目連在佛教內部的崇高地位與高知名
度。同樣的道理，僧祐與智儼爲何獨厚盂蘭盆法，應該是有這方面的考量。

　　此外，在第四章中，筆者亦就經文的另一主題"神通不敵業力"以及目
連傳記中與盂蘭盆會有關的部分材料，發現到《盂蘭盆經》之所以選擇目連
做爲主角，與經文中所欲彰顯的此一主題息息相關。

---

〔註2〕　僧祐〈法苑雜緣原始目錄〉中曾兩度提到《普廣經》。分別是「懸幡續明緣記
　　　　第十出普廣經。」「三七忌日緣記第十五出普廣經。」（《大正藏》卷二十一，
　　　　頁 529c）
〔註3〕　唐智儼，《華嚴經內章門等雜孔目章》第四卷，《大正藏》第四十五卷，頁
　　　　577a。
〔註4〕　《續高僧賺》卷八，《大正藏》第五十卷，頁 490c。

# 附錄一　中世紀的中國鬼節

　　美國學者 Stephen F.Teiser 發表於 1988 年的《中世紀的中國鬼節》(*The Ghost Festival in Medieval China*) 一書是近年來中國宗教史研究領域內相當重要的一本專著〔註1〕。本書所以能夠在西方漢學界及宗教學界引起如此廣泛的注意與討論主要由於以下三點因素〔註2〕：第一，美國學術團體理事會將該書評選爲該年度（1988）宗教學領域的最佳著作；第二，本書融冶了人類學、社會學、歷史、宗教與佛教於一爐〔註3〕；第三，本書綜攝了學界討論中國盂

〔註 1〕 本書是作者博士論文（普林斯頓宗教系）擴充而成。

〔註 2〕 該書書評，就筆者閱讀所及即有四篇。英文方面最早發表的一篇爲 Terry F. Kleeman 於 1990 年發表於 *Journal of Asian Studies* 49 的一篇簡評（頁 141～142）。其後，則要到 1992 年方有 B. J. The Haar 發表於 *Toung Pao* 4～5 分冊的另一篇書評（頁 379～382）。較之 Kleeman 的文章，本篇書評加重了該書神話學的討論。在中文學界，第一篇關於本書的「介紹」是蒲慕州先生 1992 年發表於《新史學》三卷一期的書評（頁 191～198）。在該篇文章中，蒲慕州先生主要就西方學界近年來對中國民間信仰研究的趨勢來評介該文；之後，則要一直到 1997 年方有楊繼東先生發表於《唐研究》第二卷（北京大學，1997 年，頁 470～474）的第二篇中文書評。相較於前三篇書評，楊繼東先生該篇文章亦是著重於該書內容重點的介紹。縱觀這四篇書評，皆給予本書極大之好評，像是 Terry F. Kleeman 即認爲「該書爲傳統佛教學界以及漢學界之研究中國宗教開了一個全新之視野」；蒲慕州先生則結論「對於中國宗教社會有興趣的讀者而言，本書是一本值得重視的作品」。

〔註 3〕 相信對同樣看過 Stanely J. Tambiah 所著 *Buddhism and the Spirit Cults In North-east Thailand* (Cambridge: Cambridge U. Press, 1970) 一書的人而言，Tambiah 一書對於 Teiser 的影響是很清楚的〔可參見 Teiser "Ghosts and Ancestors in Medieval Chinese Religion: The Yü-LAN-P'EN Festival as Mortuary Ritual", *History of Religions*, (Chicago: University of Chicago Press, 1986), p.51〕。此外，像是作者的引用 Mauss 關於禮物（gift）的交換理論來看待佛教

蘭盆會的論文，對盂蘭盆會作有整體的研究。

本書雖然主要以佛教「盂蘭盆會」爲討論對象，然而作者的企圖心並不僅止於此〔註4〕。作者之所以將書名訂爲"鬼節"（ghost festival）而非"盂蘭盆會"，即著眼於：佛教對中國而言是一外來的宗教，而"盂蘭盆會"的儀式內容主要在於亡親的拯救。是以盂蘭盆會若想爲中國百姓所接受，必然得與中國既存的鬼魂觀達成某種契合。基於這樣一個切入點，本書討論了：何以盂蘭盆會能夠在中國中世紀取得如此廣大民眾的認同？盂蘭盆會在儀式內容上與中國傳統祭祀觀有著何種互動關係？又盂蘭盆會的神話故事與儀式內容具有何種象徵意義等等。更重要的是，本書論述了佛教如何藉由盂蘭盆會而紮根於中國文化的土壤中。

對於這樣一本影響深鉅的學術專著，本文第一部分將簡述該書內容；第二部分則是書中在引用史料上的誤譯或誤讀問題；第三部分則是針對本書內容進一步的討論，並祈就教於作者及方家。

## 一、本書內容概要簡述

本書首章題爲「緒論」（introduction），重點在於討論本書主題「盂蘭盆會」的歷史源流及其意義。作者將本章分爲四個子題加以論述：

### （一）「盂蘭盆會的傳布」（The Spread of Ghost Festival）

作者首先引用了日本入唐僧圓仁《入唐求法巡禮行記》卷三關於盂蘭盆會的描述（時圓仁在李唐發跡之處太原，時間爲 840AD）：「十五日（七月）赴四眾寺……後入度脫寺，巡禮盂蘭盆會。及入州見龍泉。次入崇福寺。巡禮佛殿閣下諸院。皆鋪設張列、光彩映人、供陳珍妙。傾城人盡來巡禮。黃昏自恣。」清楚的向讀者傳遞了盂蘭盆會在唐代晚期的舉行盛況。另一方面，

---

僧團與信徒之間的互動亦是作者借用人類學研究的極明顯例證；至於作者的引用社會學相關研究，Melford E. Spiro 所著 *Buddhism and Society: A Great Tradition and Its Burmese Vicissitudes*（Berkeley:University of California Press, 1982）一書對於 Teiser 的處理本書第七章佛教與家族（Buddhism and the Family）其影響非常明顯。

〔註4〕 Teiser 教授於1986年發表的 "Ghosts and ancestors in medieval Chinese religion: the Yü-lan-p'en festival as mortuary ritual"（*History of Religions* 26, 1986, p.47~67）仍舊使用了 "Yü-lan-p'en festival"（盂蘭盆會）作爲討論主題，但是隔年所發表的作品——即本書——已經將題目擴充爲 "ghost festival"（鬼節）。

此段文字亦點出了盂蘭盆會的重要儀式內容：一般百姓的藉由盂蘭盆會供養結夏自恣僧侶，以祈得超拔自己親亡靈魂。

接著，作者藉此開始解釋何謂"盂蘭盆會"？何謂"自恣"等等問題。此外，關於盂蘭盆會的舉行時間何以選在七月十五日，作者亦嘗試就中國傳統習俗中尋找屬於本土的源頭。於是，作者發現了"秋收"，"秋嘗"，"嘗新"等傳統節令與鬼節內涵具有某種內在關連性。此外，作者亦藉由一些相關材料來論斷盂蘭盆會的舉行時間最遲不會晚於西元六世紀〔註5〕，並且注意到盂蘭盆會涵蓋對象的發展趨勢〔註6〕。作者亦藉由所引資料的討論，認為盂蘭盆會此一節慶至少同時包含了政治的，儀式的以及宗教的多重含意。本章節最後，作者並注意到，盂蘭盆會的各項內涵從宋代至十八世紀，不論從名稱，舉行地點乃至祭祀物品都有非常大的改變：盂蘭盆會又稱"蘭盆會"、"鬼節"、"中元日"、"放焰口"、"搶孤"、"瓜節"等等；其舉行地點遍及佛寺、道觀、墓旁、宗祠乃至民家家宅；其祭祀食物包含了穀物、西瓜各種時令作物以及各種小菜、點心，甚至麵粉做成的素羊等等。這樣一個改變，令作者警覺到民間信仰此一成分的大量滲入此一節慶，其影響力是完全不容忽視的。之外，作者亦注意到了，中世紀的鬼節的影響力不僅遠及於日本與韓國，凡是在中華文化圈內的各個地方到現在依舊可以見到鬼節的舉行。〔註7〕

### （二）「盂蘭盆會的意義」（The Significance of the Ghost Festival）

作者首先指出，由於中國歷代的史料編纂主要操之於士人官僚系統之手，導致了史書中缺乏絕大多數民眾日常生活的記載，而這造成了中國中世紀佛教相關傳教活動的晦澀不明〔註8〕。對此，Teiser認為盂蘭盆會做為中世紀一個廣泛流行的節日，提供了史家藉以填補這一空缺非常好的切入角度。此外，作者認為在第九或第十世紀中國由於士族莊園經濟的崩潰，整個社會

---

〔註5〕作者對於盂蘭盆會舉行時間下限的推斷，是根據《荊楚歲時記》的大約成書時間而得。

〔註6〕作者認為德宗《七月十五日題章敬寺》這首詩，象徵著盂蘭盆會影響力的正式進入朝廷。而這也意味著之前的盂蘭盆會其實是流行於下層民眾的。

〔註7〕書中舉了印尼爪哇島的祭鬼儀式和夏威夷華人社區中的普度儀式都仍舊年年舉行。

〔註8〕書中引用法國漢學家謝和耐（Jacques Gernet）於 *A History of Chinese Civilization* 所提出的觀察。

結構產生極大變化（寒士的崛起、商人的活躍、城市中產階級的出現）提供了原本作爲民間下層宗教活動的盂蘭盆會得以浮現的社會背景。

　　同時，作者亦提到了作爲世界性帝國的唐代對於盂蘭盆會的影響。以當時唐帝國的首都長安爲例，其作爲當時的國際中心都會，自然成爲各地文化、哲學、宗教、藝術、音樂等的匯集中心。也因爲如此，各方之商人、傳教士、旅行家進出非常頻繁。而這樣一個兼容並蓄的時代背景，一方面大大助益了盂蘭盆會的傳布，一方面則提供了中國佛教吸收、同化盂蘭盆會儀式中關於印度，中亞成分的契機。此外作者提到，變文中目連下地獄救母的故事過程，其實反映了佛教宇宙觀中關於神鬼、天堂地獄觀念的被中國社會所吸收消化。此一現象亦象徵著民間關於死後世界，天堂地獄圖像的完成。而這亦是晚唐以降許多民間宗教逐漸浮現的主要原因。而就盂蘭盆會本身的象徵意義來說，作者認爲目連救母故事中的主題有二："供僧"與"救母"。就後者來說，這象徵孝道思想的顯揚與受到重視。作者並特別指出，救母此一主題或許促進了人們對於中國長期遭受壓抑的母親角色的認同〔註9〕。至於"供僧"此一主題，作者認爲僧侶藉由此一儀式，成功扮演起生者與死者的仲介：因爲故事中透露唯有透過僧侶，生者方能將所欲獻給亡者的祭祀物遞送到其手上。而這對於強調慎終追遠的中國社會來說，僧侶角色的成功轉型爲傳統祭祀祖先儀式中的最重要媒介，亦意味著佛教的逐漸扎根中國。作者並提到，目連形象中有兩個非常重要的特色：第一、身爲禁欲修行且證得三明六通的僧侶形象，有助於提升信徒對於僧侶的崇敬；第二、目連其上天下地的薩滿（shaman）形象，則滿足了一般民眾的想像力與好奇心。

## （三）「中國社會的宗教形式」
### （The forms of Religion in Chinese Society）

　　作者首先提到，在傳統中國社會中，宗族所扮演的角色是最重要的。然後才是社會（鄉里）或者國家等單位。相較於這三者，其他具制度性的社會組織當然是居於次要地位的。因此，在早期中國傳統社會中，宗教所扮演的角色，乃是表現在諸如地方的民俗慶典、祭祀祖先以及宗祠的祭祀（前者之延伸）。此外就作者觀察，宗教最吸引中國下層民眾的是相關的神話傳說、莊

---

〔註9〕 書中指出了在男性繼嗣原則下的中國傳統社會中，女性唯有以完成了"傳宗接代"任務後的"母親"角色登場，方能有其舞台。這也是作者書中所謂的傳統中國女性所扮演的邊緣人角色（marginal roles）。

嚴肅穆具神秘感的宗教儀式以及關於生前死後世界的描述等等。至於發自內在的，一種超越世俗的神聖性的信仰動機，那只是極少數人才有的宗教行為。有鑑於此，作者發現之前西方學界對於中國宗教的相關研究，在立論的基礎上就有問題：他們很容易就西方的宗教經驗而從教義著手。然而這一套方法在中國並不適用。於是，作者借用了楊慶堃（C. K. Yang）教授於 *Religion in Chinese Society*（Berkeley: California University Press, 1961）中所提到關於中國宗教型態的兩種概念：“制度化的宗教”（institutional religion）與“擴散型的宗教”（diffused religion）來觀察盂蘭盆會〔註10〕。作者認為藉由楊慶堃的概念，可以讓我們清楚發現，盂蘭盆會雖然在型態上主要呈現“擴散型的宗教”的特徵，然而盂蘭盆會同時亦存在“制度化的宗教”的成分在裡面〔註11〕。因為盂蘭盆會之所以能橫跨不同社會階層成為共同之民間節慶，其實即是由於盂蘭盆會吸取了儒釋道三個“制度化的宗教”的一些宗教觀念或者宗教儀式。而這樣一個特性，亦使得盂蘭盆會得以在中國社會紮根（rooting），進而成為中國文化不可分割的一部份。

此外作者對於盂蘭盆會的研究資料亦作了考察，認為相關研究材料的取得，有著先天上的一些限制。首先，就一般的文史資料而言，基於學而優則仕的傳統觀念，中國古代的相關文字記錄（不管文史哲）大多數皆出於具有此類思想的讀書人。這些材料大多經過文人的過濾或者修改，從這些資料中很難真正窺得平民百姓生活日用之全豹；至於另一個研究盂蘭盆會的重要材料來源──佛教經典以及僧侶著述這一部份──雖說佛教內部具有非常優秀的文獻保存制度，然而很遺憾的是，由於佛教藏經對於經典的“入藏”作有嚴格的辨偽審核，使得今日學界認為非常珍貴的疑偽經典十之八九已遭到焚燬不復存在；至於僧侶著述，由於本國僧侶著述不予入藏的傳統，亦失去了隨佛藏一同保存的最佳契機。有鑑這樣一個研究背景，作者認為現今的研究，應該調整過去太過倚賴入藏的佛典或者中國正史資料的態度，多加利用民間

---

〔註10〕前者所指的是那些具有獨立神學或宇宙觀，固定崇拜對象及儀式的具有神職人員及組織架構的宗教；後者則是指前者的一些宗教觀念及儀式，隨著傳教過程而分散到社會的一些世俗制度中，進而成為這些世俗制度的一部份。由於他們並非獨立存在，所以 Yang 稱其為“擴散型的宗教”。

〔註11〕值得注意的是，作者雖然引用了 C. K. Yang 的概念藉以說明盂蘭盆會其實涵蓋了從“擴散型的宗教”到“制度化的宗教”的所有形式，然而作者亦指出了這樣一種二分法的缺陷，其實很容易導致。

存留的文學遺產：諸如變文、講經文、詩歌、筆記、類書等資料。〔註12〕

## （四）「佛教在中國社會的定位」
### （The Place of Buddhism in Chinese Society）

在本節中，作者提到了凡治中國佛教史必然會碰觸到的一個問題：如何區分中國佛教文化中的複雜成分。作者就 "盂蘭盆" 此一詞彙的辭源加以分析，發現到 "盂蘭盆" 一詞本身即是原始印度佛教同中國本土文化的一個混合品（甚至有可能含有中亞伊朗成分於內）〔註13〕。書中並列舉了三種學界對於 "盂蘭盆" 一詞的解釋。而作者藉由這樣一個切入點，認爲這樣一個現象，正好傳遞了佛教的逐漸中國化的傾向。其認爲，佛教藉由這樣一個調整，於是成功的逐漸打入了中國各社會階層，並進而往下扎根。

第二章「盂蘭盆會前史」（The Prehistory of the Ghost Festival）：顧名思義，本章中主要在於尋找在盂蘭盆會此一儀式流行之前相關內含的中外淵源。作者首先嘗試從中國自身的文化背景來尋找盂蘭盆會的可能發展源頭。作者發現，盂蘭盆會之舉行時間七月，正值中國秋收時節。而秋天就中國傳統農業社會而言象徵著作物的成熟、趨向衰敗、然後重生。此外七月就傳統節氣上而言正值陰陽交替之際，就人類學的角度而言，此象徵著生命的死亡與再生。而這正呼應了盂蘭盆會當中非常重要的一項內涵：「薦亡及轉生」。至於中國自古七月 "嘗新" 祭祀祖先的習俗，則令人聯想到盂蘭盆會中的祭祀先亡的內容。此外 "秋禊" 以及 "七夕" 這兩個節慶亦都和人與祖先或者鬼神的接

〔註12〕這也反映了書中希望藉由出自 "擴散型的宗教" 背景下文獻來重新建構盂蘭盆會面貌的企圖心。

〔註13〕書中提到了日本學者岩本裕氏在其〈目連伝說と盂蘭盆〉（日本寶藏館，1979年）所提出的看法：認爲不僅盂蘭盆一詞中「盂蘭」兩字可能源於中古伊朗文 urvan（靈魂）的轉寫；甚至連唐代變文中目連救母故事的相關救贖主題，都是源於伊朗（岩本裕教授認爲祆教的一些觀念經由希臘人（Greeks）、波斯人（Persians）、貴霜人（Kushans）傳入西北印度，而西北印度正是根本說一切有部勢力最強的區域，於是此一觀念加上根本說一切有部目連與其母親的相關故事，產生了新的目連救母故事）。關於後者，作者甚至提到，其實目連下地獄救母此一故事的原型或許即來自於希臘神話中 Dionysus 下地獄救其母親 Semele 此一故事（頁24）。此段解釋與唐宗密《盂蘭盆經述》所提出的解釋「盂蘭爲西域之語，此云倒懸。」可說是不謀而合。相類似的論述可以參閱井本英一氏〈盂蘭盆の諸問題〉（《オリエント》九卷一期，1969 年）以及 Tanabe Katsumi（田邊勝美）"Iranian Origin of the Gandharan Buddha and Bodhisattva Images － the catalytic contribution of the Kushan Buddhists", *Bulletin of the Ancient Orient Museum* vol.IV (1986~1987), pp.1~27。

觸有關。上述幾點都是作者所指出，盂蘭盆會文化中重要的本土宗教
（indigenous religion）源頭。

　　書中亦嘗試從與盂蘭盆會關係密切的僧團"安居"（varsa）時間著手討
論，因而發現到印度與中國僧侶對於安居舉行時間在認知上有所差距。根據
律典記載，安居又稱"雨安居"，此一傳統是佛陀當年爲避免僧侶在印度長
達四月的雨季中傷害動植物的成長所訂出的〔註 14〕，而佛陀也允許弟子依自
己的需求在四個月的雨季中挑選出三個月安居即可。相較於中國僧團安居時
間定制於四月十五日至七月十五日，作者認爲這樣一個變化是耐人尋味的。
書中並補充了律典中曾提及的"迦絺那"（caṭhina）儀式。並指出，律典中原
本強調的"獻新布"的儀式在盂蘭盆會和當代東南亞佛教國家的"迦絺那"
儀式中已經被後兩者突出的僧俗之間的共同活動所取代。本章最後則大略提
及盂蘭盆會和道教"中元"的關係〔註 15〕。書中藉由唐歐陽詢《藝文類聚》
所引道經〔註 16〕，大致介紹了道教三元日的歷史淵源。

　　最後，本章結論點出了書中爲何會用"鬼節"（ghost festival）而非"盂
蘭盆"或者"中元"來指稱這個節日的原因。就作者看來，每年七月十五日
舉行的鬼節其實是綜合了佛教盂蘭盆會（印度佛教僧人行事）、道教中元日（道
尊降臨）、傳統祖先以及農業社會背景等等成分於裡面，就如同作者借用許理
和（Eric Zürcher）的金字塔比喻一樣，鬼節中佛道的成分就好比使用共同基
座的兩個金字塔的頂端。只有分別位於金字塔兩個頂端的少數信徒才會認眞
的區分供養儀式的對象是僧侶或者道士。對於金字塔底端、所佔人數也最多
的群眾而言，他們並不在乎供養的對象（僧道），更不在乎儀式舉行的地點
（寺、觀還是壇），甚至於是佛道莫辨的。而這種綜合了不同傳統的內涵，正
是作者認爲鬼節得以普遍流行中國中世紀社會的最關鍵原因。

　　第三章「中世紀中國鬼節的歷史文獻」（An Episodic History of the Ghost
Festival In Medieval China）：作者主要依年代次序討論了自西元第五世紀到第
十世紀末的和"盂蘭盆會"有關的十幾種中文文獻：諸如《佛說盂蘭盆經》、
《佛說報恩奉盆經》、宗懍《荊楚歲時記》、《全唐詩》、《舊唐書》、《淨土盂蘭

---

〔註 14〕書中亦指出了這樣一個傳統其實是從印度傳統中繼承改良的。

〔註 15〕作者特別提到了日本學者岩本裕認爲中國鬼節的舉行時間定於七月十五日，
　　　　有可能亦受到道教中元日的影響此一看法。

〔註 16〕即《太上洞玄靈寶中元玉經玄都大獻經》，敦煌出土文書 S.3061 號載有此
　　　　經。

盆經》、楊炯〈盂蘭盆賦〉、道世《法苑珠林・獻佛部》、敦煌出土〈目連緣起〉、〈大目乾連冥間救母變文〉以及相關之經疏等等。本章所謂的“歷史”（episodic history）即指：作者將各種相關文獻依年代順序加以排比分析，藉由盡可能的中立客觀敘述，勾勒出盂蘭盆會的基本輪廓。此外，作者在本章附錄中簡略的提到了唐以後的鬼節情況。文中提到了民間的十王信仰〔註17〕以及唐代密教新譯相關施食儀軌對中晚唐以後鬼節儀式內容的影響。作者也指出了宋代以後一個值得注意的歷史現象：宋代興起的水陸法會亦經常舉行於七月十五日。〔註18〕

第四章「神話背景」（Mythological Background）：本章主要目的在於將相關盂蘭盆文獻置於中國佛教的神話背景中，試著找出中世紀時期目連救母神話故事之所以能夠為中國百姓廣為接受的合理性基礎。書中依次討論了佛藏中有關目連身世的敘述以及在不同類型文獻中所出現的不同目連，藉以證明目連在盂蘭盆文獻中所扮演角色可能早在三世紀時已經透過其他佛典為民眾所知曉。

在本章中，作者首先引用《增一阿含經》中關於目連降服兩惡龍及佛陀上三十三天為母說法此一故事將之和盂蘭盆神話（yu-lan-p'en myth）加以對照比較。藉此，作者指出兩則故事中間確實存有許多相同點。即：在兩則故事中都提到了救母此一重要主題，兩者的差別不過在於佛陀是上三十三天為母說法，而目連則是下地獄救母。作者並提到此故事中目連降服惡龍的英勇形像其實同目連神話故事中的勇闖地獄、排除萬難以救母的精神有其相通之處。至於本章所細分三個主題：目連的傳記（Mu-lien's biography）〔註19〕、餓鬼（hungry ghosts）〔註20〕以及母親與僧侶（mothers and monks），作者採取了同樣一個模式來尋找盂蘭盆文獻中的相關重要主題。經過了分析救母、供僧、救餓鬼等主題後，作者發現，具有相同主題色彩的一些材料，早在西元第五世紀以前的相關佛教譬喻故事〔註21〕以及中古的一些筆記小說〔註22〕

---

〔註17〕 主要引用日本學者吉豐義岡先生的〈中國民間の地獄十王信仰について〉一文。

〔註18〕 主要依據日本學者牧田諦亮〈寶誌和尚傳考〉、〈水陸會小考〉兩文。

〔註19〕 文中有關目連傳記（Mu-Lien's Biography）的追溯，明顯承繼了日本學者石上善應先生〈目連說話の系譜〉一文的研究內容（原文稱做「目連の生涯」）。

〔註20〕 此部份在〈目連說話の系譜〉一文中稱做「目連の他世界訪問譚」。

〔註21〕 譬如《撰集百緣經》惡鬼品中所載的優多羅母墮惡鬼一事。以及《灌頂經》卷十一中的那舍長者救母故事。

中皆可以見到。這樣一個現象，證明了在盂蘭盆神話故事中，同時存在屬於佛教〔註23〕以及中國本土的故事源頭。也因爲基於這樣一個內含，目連的神話故事方能成功的征服整個中世紀中國（包括上層的菁英與下層的群眾），並成爲中世紀以後中國各階層的共同文化遺產。

第五章「作爲薩滿的目連」（Mu-lien as Shaman）：本章的重點在於解決一個非常關鍵的問題，即若說目連救母故事得以扎根中國的原因僅僅是由於故事中目連做爲孝子的形象上，那麼我們將進一步的追問：爲何上一章節中已經介紹過的具備同樣孝子形象的佛陀、憂多羅（Uttara）以及那舍（Na-she）長者並不曾在中國民間享有目連故事般的渲染力？根據作者的觀察，目連之所以能中屏獲選其中最關鍵的地方在於目連具備了同薩滿信仰〔註24〕相類似的能力。

對於薩滿（shaman）的定義，作者引用了《國語・楚語下》的敘述作爲說明：「古者民神不雜。民之精爽不攜貳者，……如是則明神降之，在男曰"覡"，在女曰"巫"，是使制神之處位次主，而爲之牲器時服。」就作者看來，兼具「明神降之」與「爲之牲器時服」的「巫」最符合所謂的薩滿之形象〔註25〕。並且指出薩滿所具備的強大能力，跟佛教賦予目連的「神通」有其共通之處〔註26〕。文中也簡單提到了道教文獻中類似薩滿特殊能力的描述，只是早期文獻中較偏重於"變"、"化"能力的描述〔註27〕。於是爲了

〔註22〕文中舉了梁王琰所著《冥祥記》爲例。
〔註23〕作者在文中有提到，其實像是鳩摩羅什法師所翻譯的《大智度論》中所記載的目連皈依佛陀，並成爲佛陀弟子中神通第一的始末。以及關於目連曾上摩利支天爲其母說法這類材料，事實上都成了後來佛教文學編纂者的參考憑藉。
〔註24〕在本書中，作者並不贊同 Mircea Eliade 在其 *Shamanism* 一書中將薩滿區別於靈媒（spirit medium）的這種看法。就作者看來，中國的薩滿（巫）其實兼具神遊他方世界與作爲神靈或者祖先降神附身的功能。
〔註25〕文中作者傾向將薩滿（shamam）理解爲中文世界的"巫"。只不過若就廣義的薩滿而言，包括中國古代的巫、方士、羨們，乃至今日福建話所說的"sai-kong"（師公）、"dang-ki"（乩童）皆可以稱之爲薩滿。原因在於薩滿所具備的往來穿梭神人世界以及作爲生者同死去祖先接觸的溝通媒介此一能力，前述者皆具備了。
〔註26〕文中並舉宋法雲編纂的佛教辭書《翻譯名義集》的引用《周易》中的文字來解釋"神通"二字，認爲"通"字明顯保留了巫的專長：往來不同世界的"通"的能力。
〔註27〕關於道教的「變」「化」說可參見李豐楙〈不死的探求——道教信仰的分析與

更進一步瞭解"神通"二字的確切意涵，文中追溯了佛典中有關"神通"的種種解釋，也指出了佛典中記載的神通能力通常離不開禪定修行這樣一個背景。文中並分析了目連救母故事中目連所扮演的角色及其形像（尤其以《大目乾連冥間救母變文》為主），確實與薩滿有其相契合之處。

第六章「盂蘭盆會的宇宙觀」（The Cosmology of Ghost Festival）：在本章中，作者認為其實諸如《大目乾連冥間救母變文》之類變文材料相較於官方文籍或者正式經典，其內容是更貼近時人的思想。是以，作者嘗試從《大目乾連冥間救母變文》這類變文材料來探討當時人們的宇宙觀。經由作者討論了中國早期曾提及死後世界（例如「黃泉」或者「泰山」）的相關材料以及變文中對於死後世界的描述後。作者發現，目連變文故事中對於地獄的描寫，就結構組織來看，可以說是當時現實中國官僚制度之翻版。而變文中對於地獄的種種恐怖描述，所根據的藍本，則來自佛教的因果報應觀念。作者並特別強調，這類文體故事的訴求對象，主要為中國未受教育的民眾。此外，作者亦指出了盂蘭盆會同後來之十王信仰在概念上其實頗多相通處。〔註28〕

第七章「佛教與家族」（Buddhism and the Family）：就作者看來，任何宗教信仰若想扎根於中國社會的話，其必然得先處理好與中國家族倫理之間的關係。就這點而言，作者發現到盂蘭盆會確實扮演著舒緩佛教與傳統中國家庭倫理之間緊張關係的關鍵性角色：僧侶藉由盂蘭盆會，成功的從原本"不孝子"的形象，轉而變成傳統祭祀中追薦亡親的重要媒介。〔註29〕

本章在一開始即引用《盂蘭盆經》此段經文：「（目連）見其亡母生餓鬼中，不見飲食，皮骨連立。目連悲哀，即以缽盛飯，往餉其母，母得缽飯，即以左手障缽，右手搏食，食未入口，化成火炭，遂不得食。目連大叫，悲號涕泣，馳還白佛，具陳如此。」作者指出，經文中目連獻食的行為其實與

---

介紹〉（《中國文化新論：宗教禮俗篇─敬天與親人》，台北：聯經出版社，1982年），頁 213～217。

〔註28〕作者後來的寫作 The Scripture on the Ten Kings and the Making of Purgatory in Medieval Chinese Buddhism（Honolulu: University of Hawaii Press, 1994.）應該即淵源於此。

〔註29〕凡熟悉中國佛教史者，必然都清楚佛教在剛傳入中國時所面臨的幾個困境，例如：佛教僧侶的出家，對於重視孝道的中國家族倫理而言，是完全不能接受的。此外像是僧侶不事生產、不服兵役、不繳賦稅，亦是世俗大眾（非信徒）指責的重點（認為僧侶是社會的寄生蟲）。這些問題若無法取得解決的話，則佛教扎根中國將是遙不可及的夢。

中國傳統祭祀中的獻食行爲是完全相同的〔註30〕，差別在於經文中藉由目連獻食的失敗，對於中國傳統祭祀的效力提出了嚴厲的質疑。針對這點，《盂蘭盆經》提出了唯有透過三月安居的僧團的不可思議力量方能確實的達到追薦自己亡親的說法，使得僧侶成爲連接祖先與子孫互惠過程中不可或缺的重要媒介。對此，作者指出盂蘭盆會在中國中世紀逐漸傳播的同時也意味著僧侶的逐漸滲入一般世俗家庭的核心，這種將僧侶融入中國家族倫理中祖先與子孫的交換循環中的過程亦是佛教中國化的一種呈現方式。

　　在確立了傳統祭祀的無效以及僧團的特殊能力之後，整個盂蘭盆故事中所欠缺的就屬如何說服民眾的問題了。而這一點，即是本章另一個主題「僧侶的能力」（the power of monks）所要討論的重點。作者重新檢閱整個故事內容後發現：故事中之所以強調連目連這樣神通具足的大阿羅漢，依舊無法改變母親惡業的這個事實〔註31〕，主要彰顯出經過長達三月安居、自恣完的僧團所具備的不可思議力量〔註32〕。至於這樣一個理論如何具備強大的說服力？作者借用了人類學中關於交易（exchange）〔註33〕的觀念分析後指出，人們之所以相信盂蘭盆會的功效，主要是相信僧團爲期三月的禁慾修行確實會爲僧侶累積超自然力量〔註34〕。基於這樣一個互惠式的交易（reciprocative exchange），不僅強化了僧俗之間彼此的依賴關係，也確定了僧侶角色的融入中國傳統家庭倫理中。〔註35〕

---

〔註30〕目連此一行爲，就作者看來，與中國傳統祭祀的以時令或食物呈獻祖先的道理是相同的。

〔註31〕經文中提到就算是佛陀都無法改變業力的這個事實。

〔註32〕文中對於僧團安居在佛教內部的意義作有詳細的解釋。僧團三月安居，是指在這三個月內，僧侶將不再到處行腳，而是停留於某一固定道場，作長達三月的齋戒禁慾苦修。

〔註33〕此處可以看見 Marcel Mauss 在 *The Gift:Forms and Functions of exchange in Archaic Societies*（New York: W. W. Norton and Co., 1967）一書中所提到的基於 “互惠原則”（principle of reciprocity）的禮物交換理論。

〔註34〕作者在這裡是借用了 Wendy Doniger O'Flaherty 在 *Asceticism and Eroticism In the Mythology of Xwiva*（London:Oxford University Press, 1973）所提到的一個觀念。即，在早期印度教的教義中，相信藉由嚴格的禁慾修行（Asceticism）可以使人壓制住種種情慾（Eroticism），在這樣征服情慾的過程中，使人擁有降服種種邪惡的超自然能力（supernatural power）。作者在書中移用了此一觀念來看佛教僧團的結夏安居。

〔註35〕書中引用 James A. Boon 的看法，強調了僧團與俗人彼此間的依存關係：僧團透過修行產生功德並予以釋放；俗人則生育子嗣並供養僧團（本書頁209）。

　　第八章「總結」（Concluding Perspectives）：作者在本章就社會學的（sociological），宗教儀式的（ritual）以及歷史學的（historical）的觀點爲本書之諸多看法做了總結與展望。由於本章主要內容爲本書前幾章的重點歸納與回顧。是以本章內容，筆者僅就較精彩部分加以提出。

## （一）社會學角度的展望（A Sociological Perspective）

　　作者觀察到就廣義而言，"鬼節"（ghost festival）可以泛指包含了佛教"盂蘭盆會"與道教"中元日"的一個節日。對於這樣的一個現象，作者借用了 Erik Zürcher 對於中國宗教世界的一個比喻〔註36〕：若將佛教與道教比喻成中國宗教世界內的兩座巨大的金字塔的話，則這兩座金字塔必然建立在一個共同基座上。而令作者最感到興趣的是，支撐這兩座金字塔的共通社會基礎究竟爲何？本書對於鬼節的處理，即是此一中國宗教的民間信仰基礎。

## （二）儀式角度的展望（A ritual perspective）

　　誠如作者一直強調的，中世紀的盂蘭盆會其最大的意義在於其能夠橫跨不同社會階層，成爲全中國普遍舉行的一個宗教節慶的這樣一個內涵。而事實上，就作者看來，盂蘭盆會之所以能夠征服全中國，是因爲其結合了中國傳統鬼魂觀和喪葬儀式。是以，作者認爲唯有從鬼節內容中與中國傳統喪葬儀式的互動面切入，方有可能挖掘此一節慶更深層的原貌。

　　作者亦提到一個非常有趣的現象：雖然佛教輪迴觀念與中國祖靈永存觀念存有非常大的歧異〔註37〕，然而這一點似乎並不曾對中國人帶來任何困擾〔註38〕。此外作者就盂蘭盆會的儀式內容加以分析後，指出盂蘭盆會（七月十五日）蘊含了四種過渡儀式（rite of passage）〔註39〕：第一是亡者從具有威

〔註36〕見本書頁 41、215。

〔註37〕作者在這裡引用了 Hugh D. R.Baker 提出的「中國自古所存的祖先崇拜（祭祖）其實是基於靈魂永存的觀念，而這跟佛教輪迴觀其實存有非常嚴重的矛盾之處」（頁 219）作爲佐證。

〔註38〕《顏氏家訓》卷七終制篇所載：「其內典功德，隨力所至，勿劫竭生資，使凍餒也。四時祭祀，周、孔所教，欲人勿死其親，不忘孝道也。求諸內典，則無益焉。」其實提供了一個非常好的思考切入角度。

〔註39〕"rite of passage" 中文又譯做 "通過儀式"。作者對 "rite of passage" 的敘述係根據 Arnold Van Gennep, *The Rites of Passage*；Robert Herts, *Death and the Right Hand*；以及 Edmund Leach,, "Two Essays concerning the Symbolic Representation" (*Rethinking Anthropology* vol.22, 1961)。

脅性的鬼魂轉變爲福祐子孫的祖先〔註40〕；第二對俗世而言，象徵著上半年
的平安的結束（相對於農曆一月一日）；第三對僧侶而言，象徵著過去一年的
結束與新的一年的開始（新歲），亦標誌著僧侶三月苦修所儲存精力在自恣當
天的釋放；第四就傳統農業社會而言，夏秋交替意味著植物的成熟與死亡，
同時亦意味著生命的重新孕育。作者亦觀察到中國傳統對於亡魂的區分：依
親疏關係分爲祖先（連帶包含眷屬）與鬼此一觀念，對於日後鬼節的從原本
爲個人對自己親亡的超薦儀式，擴展爲對於整個社區，鄉鎮所有無主亡魂的
普渡，其影響是非常之大的。

### （三）歷史學角度的展望（An Historical Perspective）

　　書中藉由歷史學的回顧發現，目連救母故事的內容在西元四至六世紀主
要仍舊來自於佛教。隨著此一故事的逐漸普遍於中國，則開始融入源於中國
本土的不同成分。以唐代變文中的目連故事爲例：此一故事之所以能夠成功
普及於當時社會各階層，即在於故事內容的豐富性以及對孝道的提倡。就時
人而言，故事中目連上天下地不辭辛勞的尋母，以及對於地獄的種種恐怖描
寫才是吸引眾人目光的焦點所在。此外作者也提到了傳統研究中將唐代佛教
的研究焦點大多集中在宗派佛教（教義）上，造成了史家視野的片面與局限
性：認爲在中世紀結束之時（唐末），佛教在中國的影響力正處於調整期。在
這樣一個調整期當中，雖然表面上代表制度型宗教的佛教勢力正逐漸衰退，
然而擴散型（分散性的）的佛教勢力卻也同時將佛教相關觀念與行事逐漸傳
布至中國的各個階層與各個角落中。

　　作者亦觀察到一個歷史現象：即佛教初傳中國時（公元一世紀初）主要
得力於商人與僧侶的傳教，而隨著等到佛教經典能夠得到適當翻譯的同時，
佛教爲了收傳教之助力，其教義亦逐漸開始修飾使之符合中國人的口味。作
者認爲這樣一個"中國化"（sinicization）的過程在唐代表現的最爲明顯。對
此，作者並舉了下列幾個例子：玄奘爲代表的求法譯經運動在唐代所取得的
輝煌成就；禪宗在唐代所取得的優勢，標誌著中土道教與佛教中觀思想成熟
理解的結合；白居易的詩作及其信仰以及唐代眾多極具特色的判教理論作爲
舉證。

　　作者並舉鬼節中所出現的宇宙觀爲例，提到了其實中印死後世界觀的綜

---

〔註40〕即透過取悅死者，以消弭對死者的恐懼。

合早在鬼節出現之前的公元後若干世紀已經完成，然而佛教學界的說法卻是將此綜合的完成時間推到較晚的宋代，也就是制度性的佛教力量已經衰微之後。之所以有這樣一個錯誤的認知，作者認為大多數對於佛教黃金時期的研究太過於集中於義理面而忽略了儀式。就作者看來，如果說佛教在唐代達到了顛峰，它不必然只表現在中國哲學領域中。作為中世紀普遍舉行於中國社會各階層的鬼節，正說明了佛教對於中國社會不可動搖的影響力並不僅止於佛教的思想而已。

## 二、本書誤讀或誤譯處

由於本書的研究題目涉及了大量中國中世紀的相關文獻，Teiser 教授如何確實、完整的理解這批數量龐大的中文史料必然是其當初寫作一開始所面臨的難題。綜觀全書，本書對於書中所引用中文文獻的英譯部分確實非常用心〔註 41〕，然而這並不意味書中對於所引史料的掌握是百分之百的正確。本文以下，筆者將就本書若干中文史料的英譯問題以及作者對於若干史料的理解加以提出討論。

第一，關於該書中文史料的英譯問題：

（一）頁 5，作者翻譯宗懍《荊楚歲時記》：「乃至刻木、割竹、飴蠟、剪綵，模花葉之形」中的「乃至刻木、割竹、飴蠟、剪綵」為 "cut wood, carved bamboo, and pretty cuttings（of paper）"。在這裡，作者漏譯了「飴蠟」。此外，根據《辭源》的解釋，剪綵兩字包含了「剪裁絲帛或絲紙」〔註 42〕，作者的翻譯只包含 "paper"，遺漏了 "cloth"。〔註 43〕

（二）頁 5，作者引有殷堯藩《中元日看諸道士步虛》詩，文中作者將詩名翻做 "On Watching Taoist Masters Pace the Void on Chung-yuan"。此處翻譯的問題在於 "步虛" 一詞。作者依字面意義直譯為 "Pace the Void" 卻不曾在註腳中加以補充解釋。根據大陸中國道教協會所編《道教大辭典》所載 "步虛" 條：「齋醮科儀名詞，亦稱步虛韻。(1)道教誦經時吟詠的韻調……猶步

---

〔註41〕例如作者在本書中翻譯圓仁《入唐求法巡禮行記》的資料時，除了依據小野勝年所著《入唐求法巡禮行記の研究》中的翻譯，並參照了 Reischauer Edwin O., *Ennin's Travels In T'ang China* 一書。

〔註42〕《辭源》（台北：遠流出版社，1989 年），頁 1363。

〔註43〕此外「綵」者，意為「彩色絲織物」，就算是要翻為剪紙的話也應該是色紙才對（cutting of colored papers）。

雲端。……(2)在齋醮科儀中，高功法師發符上表，迎神召將時，陪以罡步的一種韻調的名稱。」〔註44〕以及同書"步虛韻"條：「見《晁志》：『太極眞人傳左仙翁，其章皆高仙上聖朝玄都玉京，飛巡虛空所諷詠，故曰步虛。』演唱時，道士需踏禹步旋繞香爐三匝。……《太上黃籙齋儀》卷五十《三途五苦頌》云：『旋行三周，如步虛法』」〔註45〕"步虛"應指道教齋醮中所使用之音樂〔註46〕。曲辭中並表現有仙家步覽虛空的神態仙姿。這也是爲何道士在詠唱"步虛"時會有邊踏"禹步"邊吟唱道經，旋繞香爐的表現方式。因此正確的翻譯是"On hearing Taoist Masters' (singing) Pace the Void on Chung-yuan"。

此外，例如：書中將「掃壇天地肅，投簡鬼神驚」中的「掃壇天地肅」譯作"Sweep off the altar and heaven and earth stand stern"，作者將"掃壇"的"掃"字誤解爲打掃、掃除之"掃"字。事實上，掃壇是形容道士們在吟步虛時旋繞道壇，"掃"字在此具有"旋繞"（walking around）之意；此外，作者將「投簡鬼神驚」直譯爲"Toss the slips and ghost and spirits jump startled"的作法亦是有待商榷的〔註47〕。"投簡"是指高功法師的發符上表。

（三）頁 79，作者將《舊唐書・王縉傳》：「又設高祖以下七聖神座，備幡節、龍傘、衣裳之制，各書尊號於幡上以識之，异出內，陳於寺觀。」此段文字譯爲："He also set out ancestral tablets for seven generations from Kao-tsu on down. They were completely clothed in pennants and dragon parasols, with their venerable names written on the pennants so that people would know (which

〔註44〕《道教大辭典》（北京：華夏出版社，1994 年），頁 549a。
〔註45〕《道教大辭典》，頁 549b。
〔註46〕一般提到道教之步虛的可能出處，毫無疑問必然會先引用《異苑記》所云：「陳思王游魚山……爲神仙之聲，道士效之，作步虛聲。」此段記載。而雖說曹植魚山制梵事實不可詳考，然而此段文字的言外之音在於暗示道士仿效佛教音樂而建立道教音樂的可能性。考之史料，當年道士寇謙之託言太上老君授予"天師"之位，並賜以《雲中音誦新科之誡》二十卷，藉以改革天師道並制定樂章誦戒新法。其中《雲中音誦》，即含《華夏頌》及《步虛聲》。此外，五十年後，南方道士陸修靜在整理甄別道教經典儀範，集"三洞經"一千餘卷，奠定了"道藏"的基礎之餘，尚編撰齋戒儀範一百餘卷，初步制定了道教儀式與道教音樂的使用規範。其還曾制《開元步虛詞》、《靈寶步虛詞》、《步虛洞章》各一卷，對後世齋醮音樂影響甚大。
〔註47〕至於何以詩人會用「鬼神驚」來加以形容，乃是由於整個科儀過程的莊嚴肅穆，加之儀式本身舉行於中元夜所添加的神秘感，於是令旁觀的詩人有種天地都爲之肅靜寂寥的感覺。

tablet represented which ancestor) These tablets were carried out from the imperial precincts to be displayed in the Buddhist and taoist temples." 此段翻譯的問題在於作者並沒有將"舁出內"中"舁"（舁ㄩˊ、通輿）字的眞正意思翻譯出來。"These tablets were carried out"未能忠實傳遞原文所強調的用"轎"扛出的立意。將其譯做"These tablets were put in sedans and carried out"應是較適當的譯法。

（四）頁 98，作者引用圓仁的《入唐求法巡禮記》卷四所載：「城中諸寺、七月十五日（會昌四年）、供養。諸寺、作花蠟花餅假花果樹等、各競奇妙。常例於佛殿前、鋪設供養、傾城巡寺隨喜、甚是盛會。今年諸寺鋪設供養、勝於常年。勅令諸寺佛殿供養花藥、盡搬到興唐觀祭天尊。」文中將「傾城巡寺隨喜」譯做 "the whole city wanders among the temples 'at their pleasure'"。就字義表層意思而言"隨喜"直譯"at their pleasure"並無錯誤；只是，"隨喜"是佛教常用詞彙，作者應加以註釋〔註 48〕。此外，作者或可將"天尊"明確指出爲哪幾位天尊，不應該含混譯爲"Celestial Venerables"。因爲根據圓仁《入唐求法巡禮記》卷四的其他描述：「於道場內安置天尊、老君之像，令道士轉道經。」（頁 95）再配合唐中葉以後道教所興起的"三清"信仰〔註 49〕，則圓仁文中所指的「天尊」應該至少同時包含了原始天尊、靈寶天尊和道德天尊。〔註 50〕

（五）頁 73～76，有關作者對楊炯《盂蘭盆賦》的翻譯。書中將《盂蘭盆賦》分爲五個部分加以翻譯。第一部份的翻譯中（頁 73），將「渾元告秋」譯做 "Flowing essence proclaims the fall"。「渾元」之英譯應參考 A. C. Graham.所譯的 "the primal blob" 以及 "the primordial"〔註 51〕。將「羲和奏

---

〔註 48〕 根據《望月佛教大辭典》所做解釋，"隨喜"二字應爲梵語 anumodana 的中譯，蘊含"隨順、歡喜"的意思於內。亦即見他人行善，自己隨之心生歡喜（頁 2683c～2684c）。得參見《大智度論》卷二十八曰：「隨喜心者，如隨喜品中說，復次隨喜名有人作功德，見者心隨歡喜讚言善哉。」（T.25, 269c）以及《法華玄贊》卷十：「隨者順從之名，喜者欣悅之稱，身心順從，深生欣悅。」（T.34, 836b）至於在這段文字中，衡諸上下文，"隨喜"所指應是信徒"隨其歡喜而布施多寡"的宗教行爲。

〔註 49〕 "三清"所指爲原始天尊、靈寶天尊和道德天尊。此外"道德天尊"即是"太上老君"的別名。得參閱張志哲主編《道教文化辭典》「三清條」（頁 74）。

〔註 50〕 文中應該有考量到這點，不然"天尊"不會譯爲複數（Venerables）才對。

〔註 51〕 A. C. Graham.莊子英譯本 *Chuang-tzu: the seven inner chapters and other writings from the book Chuang-tzu*, London; Boston: Allen & Unwin, 1981,

曉」譯做 "Hsi Ho reports the dawn"〔註52〕，此處應對義和做一補充說明。至於將「清重閣，設皇邸」的「設皇邸」譯做 "Make up the august residence"，此處很明顯作者不曉得「皇邸」所指是「帝王座後的屏風」，而不是皇家宅邸。

第二部分的翻譯中（頁74）：作者將「璆琳琅玕」譯做 "Beautiful Jade, red gems"。「璆琳」翻作 "Beautiful Jade" 並無不當；只是「琅玕」原意僅指似玉美石，譯作 "red gems" 已經超出了原意；第三部分翻譯中（頁75）：作者將「少君王子」直譯為 "Young sons and princes"，此處很明顯作者並不曉得「少君王子」是指李少君與王子喬。

第二，關於書中的誤讀部分：這部分，筆者僅舉書中的三個例子作為例證。

（一）作者在本書第四章談到關於盂蘭盆故事之神話學背景時，曾特別提到載於《增一阿含經・聽法品》（T.2, 703b-708c）佛陀上三十三天（忉利天）為母摩耶夫人說法報母恩此一故事。從文中敘述，我們可以理解作者之所以如此重視此一故事一方面是基於本故事在佛教傳統中的特殊地位〔註53〕。更重要的是，此一故事中的某些情節實際上與本書所要討論的目連形象非常契合〔註54〕。是以，作者為此故事在本章節增闢了附錄，將此故事內容分為五個主題加以介紹。在這裡，筆者所要提的一點是，作者對於此一故事的閱讀

---

p.78~79.

〔註52〕 義和者為唐虞之姓氏，掌曆法之官，業天地四時。此處乃取其業天地四時之執掌。見《辭源》（台北：遠流，1988年），頁989。

〔註53〕 此一故事在佛教史上的重要性，我們可以從早期印度佛教石雕（浮雕）上的重複出現此一主題得到印證〔相關研究得參見 Joanna Williams, "Sarnath Gupta Steles of the Buddha's Life" (*Ars Orientalis* vol. X, 1975, pp.184~185)；Susan L. Huntington, "Early Buddhist Art and the Theory of Aniconism" (*Art Journal* Vol.49, No.4, p.404)；Janice Leoshko, "Scenes of the Buddha's life In Pali-Period Art" (*Silk Road art and Archaeology* vol.3 1993/94, p.254, 260)，以及 Kanoko Tanaka, *Absence of the Buddha Image in Early Buddhist Art: Toward its Singnificance in Comparative Religion*, (India: D. K. Printed, 1998, pp.22~23)〕。南傳佛教國家中的"天降節"即淵源於此一故事。對此，法顯《佛國記》（T.49, no.2085, p.859c）以及玄奘《大唐西域記》（T.49, no.2087, p.893a~b）〔"三寶階"的遺跡地點《佛國記》作"僧伽施"（Samkasya）而《大唐西域記》做"劫比他"（Kapitha）〕都記載了印度佛教徒對於此一故事的崇拜。

〔註54〕 例如，作者認為目連打敗難陀憂槃陀二龍王的英勇形象（在該故事中，佛陀眾多弟子中只有目連的能力為佛陀所首肯）與代表眾人上天傳達眾人思慕佛陀之情的這些行為，都再次符合了目連在變文故事中神通變化的形象。

遺漏了一段非常重要的地方。就作者看來此則故事結尾（即作者文中的第五部分）的主要內容在於描述：佛陀回娑婆世界後，第一個迎接者是化做轉輪聖王身的憂鉢華色比丘尼（比丘尼中神通第一）一事。對此，作者如此解釋 "The Buddha praise her, but everyone else is upset at seeing a woman assume such an honored position"（頁139）。然而，作者似乎漏讀了此段故事中另外一段非常重要的經文：「爾時尊者須菩提在羅閱城耆闍崛山中，在一山側縫衣裳。是時須菩提聞世尊今日當來閻浮提地，四部之眾靡不見者。我今宜可時往問訊禮拜如來。爾時尊者須菩提便捨縫衣之業，從坐起右腳著地，是時彼復做是念，此如來形何者。是世尊為是眼耳鼻口身意乎……一切諸法皆悉空寂無造無作。如世尊所說偈言：若欲禮佛者，……皆悉觀無常……當觀於空法。過去及當來，現在及諸佛，當計於無我。」（T.2, 707c-708a）其實須菩提雖未親自前往迎佛，卻是真正第一個迎到佛者。是以當憂鉢華色比丘尼向佛陀自詡為最先禮佛者時，佛陀即對憂鉢華色比丘尼說道：「善業以（已）先禮〔註55〕，最初無過者。」很明顯這是作者漏讀此段文字所致〔註56〕。經文中之所以加入了須菩提此段故事，所欲彰顯的即如《金剛經》所云：「不可以身相得見如來。……凡所有相皆是虛妄。若見諸相非相，則見如來。」（T.8, 749a）的 "法身觀" 概念。〔註57〕

　　（二）作者引用《根本說一切有部毘奈耶藥事》（T.24, 16a-b）的描述目連偕同佛陀前往摩利支天度化其母此一故事，作者誤讀了經文。經文作「復自思念。唯佛能為，餘無得者。作是念已，往世尊所，白佛言：……我之慈母現生摩利支世界，更無餘人能往彼界。為教化者……世尊報曰：以誰神力，而往彼界。目連答曰：唯願大悲加被於我。以我神力，共佛世尊，往彼世界。於是大目乾連以己神力與佛世尊，移其一足蹈一世界一迷廬山。如是經七日

〔註55〕須菩提（subbuti）意譯為善業、善吉、善現、善實、善見、空生。見《佛光大辭典》，（高雄市：佛光出版社，1988年），頁5361。

〔註56〕此一故事流傳非常之廣。諸如《佛說義足經》卷二《蓮花色比丘尼經》（T.3, no.198, p.185a），《大智度論》卷十一（T.25,137a），《大唐西域記》卷四「劫比他國」（T.49, no.2087, p.893b）皆有提到此事。

〔註57〕此亦《佛藏經》所云說：「我餘經說，若人見法是為見我，如來非法亦非非法。何以故？調達愚人及諸外道，皆以色身見佛。舍利弗，如來不應以色身見；亦復不應以音聲見。舍利弗，若人以色身見佛，是去佛遠。」「若人見法，是為見我（佛）」（T.15, 786c）；《月燈三昧經》卷七：「若知諸法性，猶若諸影像；終不以色身，得睹於真佛。諸法無形相，求狀不可得；如是無形法，即是佛法身。若人見法身，是名見導師。」（T.15, 591c）

中，方到彼界。」〔註58〕作者翻譯爲 "He（指目連）wants to go there and preach the Dharma to her, but he knows only the Buddha can do that. So he borrows the Buddha's cassock, and together the two of them use their supernatural powers to travel to Marichi's heaven. They arrived after seven days." 第一、作者將「唯願大悲加被於我」譯作 "he borrows the Buddha's cassock" 是不正確的。第二、作者將「以我神力，共佛世尊，往彼世界。」譯作 "together the two of them use their supernatural powers to travel to Marīchi's heaven." 顯然作者未弄清楚原文的旨意在強調兩人的前往摩利支天僅目連運用其神力，而非作者所翻譯的「兩人各自運用神力前往摩利支天」。〔註59〕

　　（三）本書在最八章「儀式角度的展望」中，作者引用宗密《盂蘭盆經疏》：「儒則棺槨宅兆安墓留形，釋則念誦追齋薦其去識。……儒則內齋外定想其聲容，釋則設供講經資其業報。」（T.39, 505c）以討論儒釋在喪儀上是否存在宗密所說的兩極對立。作者爲了說明宗密的見解不正確，曾舉了顏之推對於盂蘭盆會的看法。依據作者的理解，顏之推一方面對於盂蘭盆會能夠加強宗族間團結的一面非常讚賞，另一方面批評同一儀式中企圖安撫餓鬼的供養〔註60〕。然而檢閱《顏氏家訓・終制篇》的原文：「四時祭祀，周孔所教，欲人勿死其親，不忘孝道也。求諸內典，則無益焉，殺生爲之，翻增罪累。若報罔極之德、霜露之悲，有時齋供，及七月半盂蘭盆，望於汝也。」原文的內容在於強調儒家傳統喪儀中的 "四時祭祀" 是周公、孔子希望人子能夠 "勿死其親" 保有孝思之心所教導的。若根據內典所述，則儒家四時祭祀不僅僅沒有實際助益，人子若殺生來祭祀的話，更是徒增先人的罪業罷了。若希望能報罔極之德、霜露之悲的話，則有時候可以爲我設齋供，又或者在七月十五日爲我設盂蘭盆供都可以。很清楚，顏之推並不曾針對盂蘭盆會的儀式內容發表過任何看法，應是作者誤讀了此段文字所致。

〔註58〕《大正藏》卷二十四，頁 16a～c。

〔註59〕作者所引這段文字尚有另一個重要情節，即當兩人回婆婆世界時「佛告目連當還本土。目連白佛言：以誰神足，而還本土。佛告目連曰：以我神力。做是言已，便至逝多林下。」此段情節是呼應著前文以目連神力至摩利支天需「七日方至」。藉由「七日」與「一念頃」的差距，來襯托出佛陀神通力的不可思議。書中的誤譯處，應是作者漏讀了這段經文所致。

〔註60〕原書頁 218 作 "Yen Chih-tui, for instance, applauded the way in which the ghost festival strength the solidarity of the kinship group, but he remained critical of the offerings － part of the same ritual － intended to appease hungry ghosts."

## 三、本書進一步的探討

　　最後，筆者僅將一些個人看法連同本書中一些值得繼續深入討論的問題加以提出，就教於作者及方家：

　　第一、有關作者在討論佛教與家族之間的關係時，認為佛教藉由盂蘭盆會，成功的使僧侶滲入中國家庭核心的說法，筆者認為 Teiser 教授過份誇大了盂蘭盆會的功能。首先，象徵著僧侶滲入中國家庭生活的的最明顯證據，莫過於中土民眾的開始為亡者設齋追福一事了（齋七）。關於這點，現存史料中諸如：北魏獻文帝崩，王玄威立草廬於州城門外以居喪，"及至百日，乃自竭家財，設四百人齋會。忌日，又設百僧供"〔註61〕。太和二十年（496 年）釋道登死，孝文帝為"設一切僧會，並命京城七日行道"〔註62〕；孟鸞卒時，靈太后"為設二百僧齋，賜助施五十匹"〔註63〕；胡國珍神龜元年（518 年）薨，孝文帝詔"自始薨至七七，皆為設千僧齋"，"百日設萬人齋"〔註64〕；楊遇，北魏末年為爾朱仲遠所殺，支人如喪親戚，"城邑村落為營齋供，一月之中，所在不絕"〔註65〕在在說明了至少在北朝的時候為亡者設齋追福的風氣已是非常的普遍〔註66〕。此外，目前出土的大量金石造像銘文也證明了，早在盂蘭盆會出現之前，佛教早已藉由造像、寫經、齋會的儀式逐漸融入一般民眾的日常生活。〔註67〕

　　第二、關於盂蘭盆會中道教所扮演的角色，仍待相關研究加以補齊：作者雖在本書中大略提到了道教中元思想與盂蘭盆會的某些關係。然而綜觀全書，作者對於這一方面的著墨仍嫌不足，亦不夠深入。本書引用日本學者岩本裕所說，盂蘭盆會於七月十五日舉行，或許是受到道教中元日影響的說法，仍待進一步的研究。此一問題涉及佛道關係史，長期以來學界對於道教三元日演變迄今仍是眾說紛紜〔註68〕。岩本裕的主張的最大問題在於，根據目前

〔註61〕　《魏書》卷八十七《節義・王玄威傳》。

〔註62〕　《魏書》卷一一四《釋老志》。

〔註63〕　《魏書》卷九十四《閹官・孟鸞傳》。

〔註64〕　《魏書》卷八十三下《外戚下・胡國珍傳》。

〔註65〕　《魏書》卷五十八《楊播傳》附《楊逸傳》。

〔註66〕　參見謝寶富，《北朝婚喪禮俗研究》（北京：首都師範大學出版社，1998 年），頁 200～201。

〔註67〕　參見侯旭東，《五六世紀北方民眾佛教信仰》（中國社會科學出版社，1998 年），頁 277。

〔註68〕　關於道教三元日的源起時間，參閱秋月觀暎〈道教の三元思想について〉

所遺留的任何相關文獻，我們找不到唐代以前中國社會曾經舉行道經所宣稱的中元日的資料。相反的，除了《盂蘭盆經》以外，佛典中諸如《灌臘經》、《佛說灌頂隨願往生十方淨土經》的所記載的那舍長子故事以及《冥祥記》（約500年）所記載的晉沙門慧達入冥見觀音菩薩事都提到了七月十五日作爲僧團解夏日所具備的特殊意義。佛教的材料排除了盂蘭盆會受道教中元日影響的可能性。

　　第三、關於盂蘭盆會後來爲何會從原本僅僅從超拔個人雙親的宗教儀式進而擴充爲普渡眾生，祈求地方安寧的社區共同節慶。本書並未深入討論：在本書中，作者僅從人們對於陌生亡魂的恐懼與爲求地方安寧的角度來看盂蘭盆會內容的變化。然而，作者卻不曾注意到，盂蘭盆會之所以會有如此大的轉變，一方面是大乘慈悲觀對盂蘭盆會所造成的影響。另一方面，則是原來盂蘭盆會的內容設計存有盲點。藉由這樣一個內容上的調整可以解決這一問題。〔註69〕

　　第四、文中有關《目連緣起》〔註70〕和《大目乾連冥間救母變文並圖一

（《宗教研究》三十四卷三期，1961年）、吉剛義豐〈三元の思想形成について——道教の報應思想〉（《道教と仏教第一》，東京：豐島書房，1970年）、陳祚龍〈看了敦煌古抄《佛說盂蘭盆經讚述》以後〉（《敦煌學》第十二期，1987年）以及李豐楙〈道教三元日與唐代節俗〉（未刊）。首先，研究道教三元日的最大問題在於其最早舉行時間都難以斷定；此外，道教三元日究竟是否一開始就訂於正、七、十，三月之望日也是一個難題。之所以會存在這些問題，主要由於：一方面三元日所依據的不同「道教經典」本身完成的時間在斷定上即已有困難；另一方面，「三元」觀念的形成至「三元」儀式的開始舉行，如何斷定當中的發展時間，亦不是那樣簡易。至於三元日是否可以斷定爲一開始即舉行於正、七、十，三月之望日，在研究上，又得面臨釐清三元日同「三會日」之間的關係。因爲若根據《三元品戒經》所載：「正月七日天地水三官檢校之日，可修齋聖記。正月七日，名舉遷賞會齋，祭祀天官；七月七日，名慶生中會齋，祭祀地官；十月五日，名建生大會齋，祭祀水官。」〔見張志哲主編《道教文化辭典》「三元條」（上海：江蘇古籍出版社，1994年），頁913。〕則三官檢校之日並非今日所謂的正、七、十，三月之望日。此外，若我們將「三元」視爲一個整體概念或者整組節慶的角度來看，則唐代獨厚上元、中元而冷落下元的歷史事實更是值得學者們仔細思量箇中的原因。

〔註69〕若依造原來盂蘭盆會的設計，則對於像是早夭之嬰兒，難產而亡的婦女，或者是未曾婚嫁沒有後代的人而言，他們死後的超渡不是沒希望了？對於這樣一個盲點，佛教自然會有所警覺。

〔註70〕《敦煌變文·佛教故事類》（二），現代佛學大系（台北：彌勒出版社，1982年），頁417～429。

卷》〔註71〕兩篇變文的內容分析，筆者認為尚有一些問題仍待釐清。第一、作者在討論《目連緣起》與《盂蘭盆經》之間關係時，似乎未曾注意到：《目連緣起》一文雖然在故事的架構上仍承襲著《盂蘭盆經》（故事依舊是以目連救母為主題），但在如何令亡親得以拯救的細節描述上，該文有很多地方已經悖離《盂蘭盆經》的內容。比如：在《盂蘭盆經》原為盂蘭盆會中最核心的角色"僧侶"，在《目連緣起》文中已經為"三世如來"所取代了〔註72〕。第二、在《目連緣起》文中，盂蘭盆會的功效已無原來佛典所說的那樣能令「七世父母離惡鬼苦，生人天中，福樂無極。」〔註73〕第三、文中提到佛陀告知目連須「請僧卅九人，七日鋪設道場，日夜六時禮懺，懸幡點燈，行道放生，轉念大乘，請諸佛以虔誠。」〔註74〕方能令其母得生天上的說法，更是不見於《盂蘭盆經》。

　　同樣的情形亦存在《大目乾連冥間救母變文並圖一卷》一文當中。我們可以在文中看到許多不同於盂蘭盆會的佛教薦亡儀式。以下即大略提出幾點作為說明：

　　（一）該文描述當目連南下南閻浮提向冥路之時，聽到八九男女談到「塚上縱有千般食，何曾濟得腹中飢。號咷大哭終無益，徒煩攪紙作錢財。寄語家中男女道，勸令修福救冥災。」此段文字很明顯在於強調中國傳統的祭祀食物或者燒紙錢的行為並無任何功效。針對這點，文中敘述唯有透過「修福」

〔註71〕ibid，頁430～471。

〔註72〕在《目連緣起》文中，佛告目連超拔其母之法為：「汝至眾僧解夏之日，羅漢九旬告畢之辰。聖賢得於祇園，羅漢騰空於石室。辦香花之供養，置盂蘭之妙盆。獻三世之如來，奉十方之賢聖。仍須懇告努力，虔戒諸佛，必賜神光，慈母必離地獄。」於是「目連依教設香花，百味珍羞及果瓜，奉獻十方三世佛，願見慈母離冤家。」顯然，文中目連之設供對象，已非以自恣僧侶為主了。

〔註73〕在變文中，青提不過藉其脫餓鬼身而轉生為黑狗（即從地獄道上升至畜生道）。

〔註74〕此段文字中所描述的儀式內容，已包含了佛教關於齋僧、轉經、禮懺能夠除罪獲利的思想於內。文中所載之「懸幡點燈」當即梁・僧祐《出三藏記集》卷第十二〈法苑雜緣原始目錄序〉所載：「懸幡續明緣記第十出普廣經。」的「續明緣記」。得參見《佛說灌頂隨願往生十方淨土經》中：「普廣菩薩語四輩言：若人臨終未終之日，當為燒香然燈續明，於塔寺中表剎之上懸命過幡，轉讀尊經竟三七日。所以然者，命終之人，在中陰中身如小兒，罪福未定，應為修福，願亡者神使生十方無量剎土，承此功德必得往生。」（T.29, 529c）

方能「救冥災」。而文中後面敘述奈何樹下眾鬼對目連所說：「欲得亡人沒苦難，無過修福救冥魂。」以及託付目連的說詞「和尚卻歸，爲傳消息，交令造福，以救亡人。除佛一人，無由得救。」亦是同一主題的重複強調〔註75〕。此外文中藉由青提告知目連：「汝向家中勤祭祀，只得鄉閭孝順名。縱向墳中澆瀝酒，不如抄寫一行經。」除了再次宣告中國傳統祭祀的無效外，亦告知了"抄經"是爲亡者修福的重要途徑。

　　（二）文中後半段關於佛陀親自領八部龍天往救地獄眾生一事的描寫。就筆者看來其目的有三：(1)在於改變《盂蘭盆經》中佛陀退居配角且未能幫上忙的形象（對於信徒而言，佛陀的威神力當然不容懷疑）。(2)希望藉由地獄眾人皆承佛恩得生天上，而目連母青提只得轉入餓鬼道此一情節來強調不敬三寶（尤其是僧人）、誹謗佛法的嚴重性。(3)也是筆者認爲最重要的，即此段文字（如「如來今日起慈悲，地獄摧賤（殘）悉破壞」）帶出了佛教薦亡儀式中的另外一個重要主題："破地獄"。"破地獄"這樣一個主題，毫無疑問同中國民間的地獄信仰有其密切的關係，其已超出原本《盂蘭盆經》的經文內容〔註76〕。文中之所以加入此段插曲，筆者以爲這和唐中葉以後伴隨密教興盛而普及於當時民間的"尊勝信仰"〔註77〕及"施食儀軌"〔註78〕有著密切關係。

　　（三）文中的插入一段目連爲其母求食而托缽於長者的此段插曲，其目的在於帶出長者施食目連時的發願「非但和尚奉慈親，合獄罪人皆飽滿。」〔註79〕這樣一種將所施對象從目連母親擴充到該地獄所有罪人的行爲，一方面符合了大乘佛教所強調的自覺覺他的慈悲精神；另一方面，更是契合了佛教施食儀軌的精神。

　　（四）本文對於造盂蘭盆的功效的說法：「目連承佛明教，便向王舍城邊塔廟之前，轉讀大乘經典，廣造盂蘭善根，阿孃就此盆中，始得一頓飽飯

〔註75〕文中更加入了唯佛一人具有濟拔亡靈的能力的內容。
〔註76〕唐代中晚期興起的地藏十王信仰即是緊扣此一主題興起的。
〔註77〕關於尊勝信仰在唐代的盛況，參見劉淑芬〈《佛頂尊勝陀羅尼經》與唐代尊勝經幢的建立——經幢研究之一〉（《中研院史語所研究集刊》六十七卷一期，1996年）。
〔註78〕關於佛教施食儀軌參見牧田諦亮〈水陸會小考〉（《東方宗教》第十二期，1957年）。
〔註79〕這樣一個行爲與《佛說淨土盂蘭盆經》中所載「須達即爲一切眾生七世父母造盆，施僧八種施中安居施」可說如出一轍。

喫。」很明顯，與《盂蘭盆經》中所宣稱的能令親亡離苦昇天的說法已經有了出入。變文中盂蘭盆會的功效已經降低至僅能令青提「得一頓飽飯喫」罷了。

（五）變文的最後仍一直強調著轉讀大乘經典的殊勝性。根據該文，青提之得以從餓鬼之身轉爲狗身〔註80〕進而轉狗身還爲人身都是轉讀大乘經典之功〔註81〕。這樣一個情節當然也是原本《盂蘭盆經》未曾提起的內容。

綜合上面之分析，我們可以發現，兩篇變文雖然在故事外觀上仍舊披著原始盂蘭盆故事的外衣，然而骨子裡，卻已經綜合了佛教相關的薦亡觀念於內。這樣一個現象，正好點出了《鬼節》一書所存在的一個盲點：作者忽略了在「盂蘭盆會」之外，佛教內部仍舊存有許多不同薦亡儀式的事實。而這兩篇變文故事也提供了一個值得思考的歷史現象：民眾對於宗教儀式的選擇絕非是一成不變的。如何看待「盂蘭盆會」與其他薦亡儀式或者觀念之間的互動，即是本書未曾處理到的部分。

第五、盂蘭盆會同佛教其他薦亡儀式間的互動情形。這一部份仍待學界加以補充：一如筆者前面對於兩篇目連變文所做的內容分析。不管是在盂蘭盆會流行之前或者之後，具有類似功能的佛教薦亡儀式（例如齋僧，寫經或者造像皆是）一直在中國民間持續發揮影響力〔註82〕。這樣一個歷史現象，正反應了人們選擇何種儀式來爲亡親追福，是基於該儀式的功效上。從這樣一個角度出發，我們不難想像盂蘭盆會除了要受來自中國本土思想的檢驗外，尚得面對佛教內部各種薦亡儀式的競爭。在這種情況下，盂蘭盆會面臨著兩種選擇：第一是對內容作調整。比方說：《淨土盂蘭盆經》意味著盂蘭盆會儀式與淨土信仰的結合。此外，S.5433 號敦煌寫本所抄《佛說父母恩重經》所載：「（前略）以七月十五日、能造佛槃盂蘭盆、獻佛及僧、得果無量、能報父母之恩、若復有人言寫此經、流布世人、受持讀誦、當知此人報父母恩（中略）南無兜（兜率）天宮慈氏如來、應正等覺、我今稽首、迴願往生。

〔註80〕原文爲「汝轉經功德，造盂蘭盆善根，汝母轉餓鬼之身，向王舍城中做黑狗身去。」

〔註81〕原文爲「於王舍城中佛塔之前，七日七夜，轉讀大乘經典，懺悔唸戒。」

〔註82〕關於這點，我們大可在相關的佛教石刻造像銘文，發願文中取得豐富的證據。參見佐藤智水教授〈北朝造像銘考〉，《史學雜誌》八十六卷十期，1977年；侯旭東《五、六世紀北方民眾佛教信仰》，中國社會科學出版社，1998年。

願共諸眾生往生極樂國（中略）願我等從今日、及至證菩提、願隨我大師慈氏如來、龍華三會、得挍（授？）道記、發願志心、歸命頂禮大悲彌勒尊佛（下略）」〔註83〕亦是反應著彌勒信仰與盂蘭盆會以及《佛說父母恩重經》的彼此結合〔註84〕；第二種情況則是直接與另一薦亡儀式相互競爭。關於這方面，我可以舉興起於唐代中葉的「尊勝信仰」為例：相對於《佛說盂蘭盆經》的宣說供養結夏自恣僧侶能超拔個人父母乃至七世父母離苦得樂，《佛頂尊勝陀羅尼經》中的宣說：「佛告帝釋言，此咒名淨除一切惡道佛頂尊勝陀羅尼，能除一切罪業等障，能破一切穢惡道苦。天帝，此大陀羅尼八十八殑伽沙俱胝百千諸佛同共宣說，隨喜受持，大日如來智印印之，為破一切眾生穢惡道苦故，為一切地獄畜生閻羅王界眾生得解脫故，臨急苦難墮生死海中眾生得解脫故，短命薄福無救護眾生樂造雜染惡業眾生得饒益故。又此陀羅尼於贍部洲住持力故，能令地獄惡道眾生，種種流轉生死，薄福眾生，不信善惡業失正道眾生等，得解脫義故。」〔註85〕以及「佛告天帝：若人能書寫此陀羅尼，安高幢上，或安高山或安樓上，乃至安置窣堵波中。天帝，若有苾芻、苾芻尼、優婆塞、優婆夷、族姓男、族姓女，於幢等上或見或與相近，其影映身；或風吹陀羅尼上幢等上塵落在身上，天帝，被諸眾生所有罪業，應墮惡道、地獄、畜生、閻羅王界、餓鬼界、阿修羅身惡道之苦，皆悉不受，亦不為罪垢染污。天帝，此等眾生，為一切諸佛之所授記，皆得不退轉，於阿耨多羅三藐三菩提。」〔註86〕純就內容來看，很明顯佛頂尊勝陀羅尼所宣揚的功效要比《佛說盂蘭盆經》來得直接且大的多。其它像是唐代中葉以後逐

〔註83〕　轉引自金岡照光〈敦煌文獻より見たる彌勒信仰の一側面〉，《講座敦煌（七）・敦煌と中國佛教》（東京：大東出版社，1984年12月）。
〔註84〕　關於《父母恩重經》Teiser全書中僅在第三章談到《盂蘭盆經講經文》中十恩德的部分時順便提及而已。
〔註85〕　《大正藏》第十九卷，頁351a。
〔註86〕　Ibid，p.351b。相類似的內容，亦見《灌頂經》卷十一「普廣菩薩復白佛言：若四輩男女善解法戒，知身如幻精勤修習行菩提道。未終之時逆修三七。然燈續明懸繒旛蓋，請召眾僧轉讀尊經，修諸福業得福多不。佛言普廣其福無量不可度量隨心所願獲其果實。普廣菩薩白佛言。世尊若四輩男女。若臨終時若已過命。是其亡日我今亦勸。造作黃幡懸著剎上。使獲福德離八難苦。得生十方諸佛淨土。幡蓋供養隨心所願至成菩提。幡隨風轉・破碎都盡至成微塵。風吹幡塵其福無量。幡一轉時轉輪王位。乃至吹塵小王之位。其報無量。燈四十九照諸幽冥苦痛眾生蒙此光明皆得相見，緣此福德拔彼眾生悉得休息。」（《大正藏》第二十一卷，頁530b）

漸興起的「逆修觀念」〔註87〕以及「施食儀軌」〔註88〕對盂蘭盆會儀式內容所產生的衝擊，此類課題皆有待學界的繼續探究。〔註89〕

　　第六、盂蘭盆會的流行於中國是否牽涉到所謂的「中國化」（sinicization）問題，筆者以爲仍存有非常大的討論空間：長期以來，中國學界一直對於佛教存有一種誤解：認爲佛教原本並不注重孝道，佛教之開始重視孝道是因爲佛教傳入中國後，爲適應中國傳統孝道觀所做的一種改變。而這樣一種改變，即是作者在本書中亦曾多次提起的「中國化」。抱持這樣論點的諸多論著中，可以陳觀勝先生 *The Chinese Transformation of Buddhism*〔註90〕代表。在該書中，陳氏以龍門石窟中的一些供養父母及功德迴向的願文爲例，認爲這些強調孝道的願文內容，並不符合原始印度佛教的教義。陳氏認爲這些願文的強

〔註87〕「逆修」又作「預修」。所指即：生前預先舉行祈求死後冥福之佛事，或生前預修善根功德，以作爲死後往生菩提之資糧。此種思想最早見於《灌頂經》第十一卷。《地藏菩薩本願經》及《閻羅王授記四眾逆修生七往生淨土經》都有提及此種思想。逆修觀念對盂蘭盆會最直接的影響即是針對盂蘭盆會的「他力」色彩。靠子女（或者親眷）超拔終究不如自己預修來得保險。

〔註88〕施食儀軌詳細內容請參見宋僧石芝宗曉（1151～1214）所著〈施食通覽〉（《卍續藏》第一○一冊，頁 208～227）。施食儀軌對於盂蘭盆會的衝擊，宋僧孤山智圓（〈修盂蘭盆方法九門〉中問答釋疑第九中，有問「目連何不用阿難所說請咒法令母得食」（目連母身爲餓鬼，施食儀軌的功用即在於施食十方餓鬼令其得以飽食進而離苦得樂）即是最佳例證。事實上，誠如宋人孟元老所著《東京夢華錄》卷八〈中元節〉條所載：「印賣尊勝目連經。又以竹竿斫成三腳，高三、五尺。上織燈窩之狀，謂之盂蘭盆。掛搭衣服、冥錢在上，焚之。構肆樂人自過七夕，便搬目連經救母雜劇，直至十五日止。觀者倍增。……本院官給祠部十道，設大會、焚錢山。祭軍陣亡歿，設孤魂之道場。」盂蘭盆會的內容已經逐漸摻入施食的色彩於內；至於明僧袾宏《正訛集》中所載：「世人以七月十五日施鬼神食爲盂蘭盆大齋之會，此訛也。蘭盆緣起目連，謂七月十五日，眾僧解夏自恣，九旬參學多得道者，此日修供，其福百倍，非施鬼神食也。施食自緣起阿難，不限七月十五。所用之器是摩竭國斛，亦非蘭盆。蓋一則上奉賢聖，一則下濟餓鬼，惡可得混？」則更是直接批評時人的將施食餓鬼與盂蘭盆會混同的錯誤現象。

〔註89〕以從七七齋演變而來的逆修十王齋爲例，P.2055（「翟奉達爲亡過妻馬氏追福文」）正面抄寫《盂蘭盆經》，背面：「第一七齋寫《無常經》一卷、第二七齋寫《水月觀音經》一卷、第三七齋寫《咒魅經》一卷、第四七齋寫《天請問經》一卷、第五七齋寫《閻羅經》一卷、第六七齋寫《護諸童子經》一卷、第七七齋寫《多心經》一卷、百日齋寫《盂蘭盆經》一卷、一年齋寫《佛母經》一卷、三年齋寫《善惡因果經》一卷」由該文書可知，在當時《盂蘭盆經》的功用已經退化僅佔十齋中的百日齋抄經對象而已。

〔註90〕 *The Chinese Transformation of Buddhism*, Princeton: Princeton University Press, 1973.

調孝道，其實正證明了佛教在傳入中國後，爲了在中國紮根所做之努力。而這正是佛教中國化的象徵〔註91〕。然而陳氏這樣一個論點，已爲 Gregory Schopen 在其 "Filial Piety and the Monk in the Practice of Indian Buddhism: a Question of 'Sinicization' Viewed From the Other Side" 〔註92〕一文加以駁斥掉了。在該文中，Schopen 憑藉其優異的語言學基礎，藉由解讀一些早期中亞大乘佛教碑銘〔註93〕發現，在這些早期佛教碑銘中，有很大部分格式如下：某某人（所做此一行爲）要將此功德迴向父母還有十方眾生〔註94〕。藉由 Schopen 對於早期印度石碑銘文的解讀我們可以發現，陳觀勝所舉的願文內容與早期印度石碑銘文中的內容並無不同〔註95〕。換言之中國境內的這類造像銘文（願文），延續印度以及中亞的傳統而來。由此可證，陳說所謂的中國化並不存在。由此觀之，本書以爲盂蘭盆會象徵著佛教中國化的論點，仍須提供進一步的論證。

〔註91〕 *The Chinese Transformation of Buddhism*, p.14ff.

〔註92〕 *T'oung Pao* LXX, pp.110~126, 1984.

〔註93〕 靜谷正雄編輯《インド佛教碑銘目錄》，京都：1979 年。

〔註94〕 據作者觀察，這些銘文內容中大小乘最大的差別即在於，原始部派佛教的迴向對象僅限於自己父母以及親屬。而大乘佛教徒的迴向對象則已普及於十方眾生。事實上相同的看法在 Scopen 另一篇 "Mahayana In Indian Inscriptions"（*Indo-Ironian Journal*,21, 1988）中依然看的到。

〔註95〕 簡單舉例來說，Schopen 教授指出 Ajanta 石窟出土的二十一件石碑銘文當中，有十七件提到了願回向此功德給自己父母的文字，比例是不是很高？

# 附錄二　盂蘭盆會與道教中元日的關係

　　長久以來，關於學界對於七月十五日此一節日究竟淵源於佛教的盂蘭盆會或者道教的中元日的爭論，誠如 Teiser 書中所指出的，儘管一些道教史學者證明了道教三元思想淵源於東漢三官信仰，早於佛教的盂蘭盆會，然而現存文獻中道教中元日舉行資料的嚴重缺乏，則無法改變道教中元日的發展曾受到佛教盂蘭盆日影響的這個事實〔註1〕。由於 Teiser 書中這一部分的內容太過簡略，以下即針對該文中的不足部分加以補充說明。

　　關於盂蘭會與中元日之間的關係，根據現存文獻存在兩種不同解釋：第一種解釋主張道教抄襲佛教說。第二種解釋則主張佛教抄襲道教說。之所以會有如此極端的看法，當中牽涉到唐代佛道兩教彼此的競爭關係。初唐歐陽詢所編類書《藝文類聚》卷四 "七月十五" 條，引用宗懍《荊楚歲時記》、《盂蘭盆經》以及 "道經" 藉以解釋此一節日節俗及其意義的內容，說明了七月十五日此一節日就佛、道二教而言皆有其經典依據的此一研究背景。至於《藝文類聚》中道經引文，吉岡義豐曾就敦煌寫本 S.3061《太上洞玄靈寶中元玉京玄都大獻經》〔註2〕以及道藏本加以證明。〔註3〕

## 一、道教抄襲佛教說

　　由於前述《藝文類聚》的內容說明了佛、道二教節日的訂定於七月十五

〔註1〕見 Teiser, *The Ghost Festival in Medieval China*, ch.2.
〔註2〕大淵忍爾編《敦煌道經：圖錄編》（東京：五福書店，1979 年），頁 130～131。
〔註3〕氏著《吉岡義豐著作集》第二卷（東京：五月書房，平成元年），頁 231～249。

日這天皆有其經典上的依據，也使得七月十五日此一節日成為唐初佛道論辯中的爭論議題之一。針對這樣的一個情況，法琳在其《辯正論》卷八論道家節日即指出：「正月五日為上元節。七月五日為中元節，十月五日為下元節。恰到此日道士奏章上言天曹，冀得遷達延年益。算七月十五日非道家節。」〔註4〕其並引《盂蘭盆經》說：「七月十五日僧自恣時，獻盆供者能救七世父母之苦。比見諸州道士亦行斯法，豈不濫哉？」〔註5〕指出了當時道教在七月十五日當天舉行的中元日內容不但不符合道經三元日的內容，更抄襲了佛教盂蘭盆會。

　　而在法琳之後，針對法琳的論點作出更深一層的解釋者，即宋贊寧《大宋僧史略》筆下，為武則天「敕賜三十夏」的僧人玄嶷。玄嶷所著《甄正論》除了在卷中詳論道教三元日的淵源與陸修靜有關之外，更申論「靈寶偽經」及其經文意義與傳經的關係。其在卷下更針對當時道士造作的諸多偽經中，直指「道士劉無待又造大獻經以擬盂蘭盆。」〔註6〕據此，陳祚龍先生認為當時道士劉無待所偽造的"大獻經"，應即抄襲自佛教《盂蘭盆經》的《藝文類聚》中記載的"道經"，亦即敦煌寫本 S.3061《太上洞玄靈寶中元玉京玄都大獻經》〔註7〕。至於玄嶷為何如此的熟悉道教內部的相關經典、儀軌，則與玄嶷個人的特殊背景有關。根據《宋高僧傳》記載，玄嶷俗姓杜，名乂，生卒年不詳。只知道從小即入了道門，且因為表現優秀，方登極籙即為洛都大恒觀主。其後來由於武則天的大興佛法，於是懇求剃髮，詔許之，住洛陽佛授記寺〔註8〕。此外，根據前面所述武則天賜其僧臘三十年一事，可以想見玄嶷必有其過人之處。依據玄嶷個人的特殊背景，我們有充分的理由相信關於「道士劉無待又造大獻經以擬盂蘭盆。」的說法必然有其一定的真實性。關於此點，Teiser 也曾對敦煌寫本 S.3061《太上洞玄靈寶中元玉京玄都大獻經》的經文加以分析，認為經文中人物性格的描寫以及相同場合下所用詞語都與《盂蘭盆經》非常相近。尤其是經文中，天尊告誡其弟子地獄罪人只能透過集體供養而非「非一人力，得以濟免。」的說法更是與《盂蘭盆經》中佛陀

〔註4〕《大正藏》卷五十二，頁548a。文中七月五日應脫漏了「十」字。

〔註5〕《大正藏》卷五十二，頁548b。

〔註6〕唐玄嶷《甄正論》卷三，《大正藏》卷五十二，頁569c。

〔註7〕陳祚龍〈看了敦煌古抄《佛說盂蘭盆經贊》以後〉，敦煌學第十二期，1987年，頁79。

〔註8〕《宋高僧傳》卷十七，《大正藏》卷五十二，頁813b。

告訴目連「非汝一人所奈何」的翻版。〔註9〕

　　對於玄嶷所指控「道士劉無待又造大獻經以擬盂蘭盆」，筆者認為雖然《藝文類聚》中提出了"道經說"來補充七月十五日此一節日中的道教成分，然而歐陽詢等《藝文類聚》的編撰者竟然皆無法提供此一"道經說"的道經"經名"，在相當程度上意味著此一說法仍充滿口頭傳說的意味。筆者認為，玄嶷之所以敢於指證歷歷的指控道教中元日抄襲佛教盂蘭盆會，主要即著眼於當時道教中元日的儀式內容中有許多地方吸取了盂蘭盆會的內容的客觀歷史事實。

## 二、佛教抄襲道教說

　　據筆者閱讀所知，歷代文獻中唯一曾質疑佛教盂蘭盆會抄襲於道教中元日者，僅清代學者俞正燮一人而已。據俞正燮《癸巳存稿》卷十三"中元施食"條：

> 唐玄應《一切經音義》云：正言烏蘭婆那，此言倒懸。則單字還音，可為烏蘭婆，亦云烏拉繃，亦云盂蘭盆，亦云伊拉繃。……佛地自有月法日法，當是第五月末一日，不得云七月十五日。若佛言七月十五日，則是中國之八月晦日。故知佛用道家中元，是僧徒爭分中元之利者為之也。〔註10〕

俞氏根據中印"曆法"之不同，認為從曆法算定中國的七月十五日當即佛地五月末一日。對此，筆者以為當年寅恪先生之論俞曲園先生以般若心經「色不異空」四句翻譯為玄奘誤譯一事，以"時代囿人，不足為病"來看待曲園先生所犯的錯誤，同樣可以適用於俞氏此說〔註11〕。這樣一個情況，其實反映了宋代以下中國佛教界的逐漸傾頹，以及佛教義學的日漸式微〔註12〕。至於文中俞氏對於玄應《一切經音義》的解釋，則是更加凸顯俞氏對於佛教所知的幼稚。

---

〔註9〕 Teiser, *The Ghost Festival in Medieval China*, ch.2, p.38.

〔註10〕 俞正燮《癸巳存稿》（台北：世界書局，1977年再版），頁383。相同看法亦存在其所著《癸巳類稿》卷十四〈道笑論〉。

〔註11〕 參見寅恪先生著〈梵文本唐梵對字音般若波羅蜜心經跋〉附記，收於《陳寅恪先生文集》（二）（台北：理仁書局，1982年），頁177。

〔註12〕 最明顯莫過於俞氏在缺乏梵文知識的情況下，高談盂蘭盆的翻譯問題。俞氏之所以敢於侈談中印曆法的不同，亦是反應了當時知識份子普遍缺乏關於佛教的基本認識。這一點，筆者認為正好與佛教逐漸衰微的史實相呼應。

## 三、小　結

關於道教三元思想的起源，依據趙翼《陔餘叢考》卷三十五〈天地水三官〉條，「寇謙之之三元說，蓋即謙之之襲取張衡三官之說，而配以三首月爲之節候耳」〔註13〕，此一三元思想源於北魏寇謙之清整道教建立新天師道時襲取蜀漢三張三官信仰的說法，北魏孝文帝詔敕中「三元絕告慶之禮」的記載證明了三元思想確實與三官信仰關係非常密切〔註14〕。除此之外，一般研究三會日與三元日的道教學者都會注意到：同樣皆由天地水三官進行其「考校罪福」之事的三會日與三元日，在日期上有所差異這件事〔註15〕。基於這樣一個特殊背景，雖然道教史研究者可以根據三元思想源於三官信仰的理由宣稱道教三元日的成立歷史遠早於盂蘭盆會。然而他們終究得面對研究道教三元日的三個難題：第一、如何釐清道教三會日與三元日之間的關係〔註16〕。第二、如何處理道教內部不同道經中對於三會日或三元日時間上的安排。第三、道教三會日、三元日所依據的經典本身即存在的辨僞與年代斷定也是極大的難題。而這也是造成目前學界對於道教三元日演變的問題迄今以一直未能定案的最主要原因。〔註17〕

誠如 Teiser 在其書中已經指出的，無論道教史學者如何宣稱道教三元日的舉行時間定於正月十五日、七月十五日、十月十五日可能早於佛教盂蘭盆會，

---

〔註13〕趙翼《陔餘叢考》（北京：中華書局，1992 年），頁 396。

〔註14〕《魏書》，卷七，〈高祖本記〉，頁 166。

〔註15〕關於三會日的舉行時間，至少有以下兩種說法：第一、根據《三元品戒經》記載，三會日舉行爲正月七日、七月七日及十月十五日（參閱張志哲主編《道教文化辭典》"三會日"條，上海：江蘇古籍，1994 年，頁 913）。第二、依據《道藏・太平部》的《陸先生道門科略》以及《要修科儀戒律抄》卷十引《太眞科》，三會日的舉行時間，爲正月七日、七月七日、十月五日三天（參閱日本學者小南一郎著，孫昌武譯《中國的神話傳說與古小說》，北京：中華書局，1993 年，頁 330～337）。

〔註16〕或者說是道教如何從創教初期選擇三會之日，發展到與俗世的節日結合爲三元之日的過程。

〔註17〕關於道教三元日的源起時間，得參閱秋月觀暎〈道教の三元思想について〉（《宗教研究》三十四卷三期，1961 年）；吉剛義豐〈三元の思想形成について――道教の報應思想〉（《道教と佛教第二》，東京：豐島書房，1970 年）、陳祚龍〈看了敦煌古抄《佛說盂蘭盆經讚述》以後〉（《敦煌學》第十二期，1987 年）；陳國符〈南北天師道考長篇〉，收於氏著《道藏源流考》（北京：中華書局，1992 年），頁 311～330；及李豐楙〈道教三元日與唐代節俗〉（未刊）。

然而最大的問題在於，現存文獻中是否真的存在中國民間於七月十五日舉行道教中元日的相關記載？關於此點，現存唐代以前的文獻中筆者僅找到《魏書·釋老志》此段記載：

> 遷洛移鄴，踵如故事。其道壇在南郊，方二百步，以正月七日、七月七日、十月十五日，壇主、道士、哥人一百六人，以行拜祠之禮。諸道士罕能精至，又無才術可高。武定六年，有司執奏罷之。其有道術，如河東張遠遊、河間趙靜通等，齊文襄王別置館京師而禮接焉。〔註18〕

根據該文，證實了北魏孝文帝遷都洛陽後，曾依造北魏傳統在南郊設置道場，進行三元齋醮儀式。此一儀式一直到東魏孝靜帝武定六年（548）才因為「諸道士罕能精至，又無才術可高。」被「有司執奏罷之」。據此，可以獲悉以下兩件事：第一、證實趙翼所云「寇謙之之三元說，蓋即謙之之襲取張衡三官之說，而配以三首月為之節候耳」的說法並非出於臆測。第二、證實北魏舉行三元齋醮的時間是在正月七日、七月七日、十月十五日而非正月十五日、七月十五日、十月十五日這三天。這點則間接印證了筆者提過的，三元日的舉行時間一直未曾定案的歷史事實。

除此之外，在論及道教中元日與佛教盂蘭盆會之間的關係時，必須注意的一件事是，根據《唐六典》卷二吏部郎中員外郎條〔註19〕、《唐會要》卷八十二休假條〔註20〕以及敦煌出土《鄭氏書儀》〔註21〕的記載，可以確定唐代之所以將七月十五日訂為國定假日是出於道教中元日的舉行時間在七月十五

---

〔註18〕《魏書》，卷一一四，〈釋老志〉，頁3055。亦見《隋書》，卷三十五，〈經籍志〉，頁1094。

〔註19〕《唐六典》所載令格，學界普遍認為出於開元時代。是以可知，開元年間七月十五日當天休假一天。值得注意的是，二月八日與四月八日同樣放假一天。

〔註20〕依據《唐會要》卷八十二"休假條"所載：「（天寶）五載（746）二月十三日，中書奏：大聖祖以二月十五日降生，請同四月八日佛生之時，休假一日。陳希烈奏。大歷四年（769）七月十三日敕：七月十五日，前後各一日，宜准舊例休假。」可以獲知兩件事，第一、四月八日佛誕日早在天寶五年之前即為唐代國定假日。第二、中元日原本只放假一天，到了代宗朝延長為三天。

〔註21〕敦煌寫本S.6537背十四分號，原書題為"大唐新定吉凶書儀一部并序"，並題"銀青光祿大夫吏部尚書兼太常卿鄭餘慶撰"，是以簡稱為《鄭氏書儀》。至於書儀的成書時間，依趙和平先生考據，當介於唐元和六年至八年之間（811～813）。參見周一良，趙和平著《唐五代書儀研究》，頁147～148。

日的緣故〔註22〕。一旦七月十五日成了國定假日，則意味著大小官員在當天亦可以參與各地廟會道觀所舉行相關慶祝活動。正因為如此，《全唐詩》中留下了一些唐代文人（包括德宗在內）參與盂蘭盆會或中元節的相關詩作。例如：德宗貞元七年（791）〈七月十五日題章敬寺〉〔註23〕，崔元翰（729～795）〈奉和聖製中元日題奉敬寺〉〔註24〕，戎昱（約744～800）〈開元觀陪杜大夫中元日觀樂〉〔註25〕，令狐楚（766～837）〈中元日贈張尊師〉〔註26〕，殷堯藩（約827）〈中元日觀諸道士步虛〉〔註27〕，李商隱（813～858）〈中元作〉〔註28〕，李郢（約844）〈中元夜〉〔註29〕，盧拱（約770～845）〈中元日觀法事〉〔註30〕，等皆提供了研究唐代此節日非常珍貴的史料。

是以，若說道教中元日的確定於七月十五日曾造成佛道之間某種緊張關係，然而七月十五日的成為國定假日，相信對於唐代盂蘭盆會的發展同樣亦帶來許多正面助益。

綜合以上觀察，關於佛教盂蘭盆會與道教中元日在七月十五日此一節日所扮演角色之問題，大致可以獲得以下幾點結論：

第一、盂蘭盆會抄襲道教中元日的說法並不存在。

第二、根據現存文獻，可以確定的是首先賦予七月十五日當天宗教節慶意涵者，乃來自於佛教僧團安居傳統。是以包括《冥祥記》慧達入冥故事、《普廣經》那舍長者故事、《灌臘經》、《盂蘭盆經》乃至北朝造像題記中皆不約而同提到了在七月十五日供僧所具備追福亡親的特殊功能。至於唐代以後，佛教內部之所以將七月十五日僧團自恣日的相關追薦儀式統一歸於《盂蘭盆經》，除了該經目連救母主題符合儒家孝親觀念外，經文中主角目連個人在佛教中的特殊身份與魅力亦是極關鍵所在。

---

〔註22〕 依造書儀記載，七月十五日中元准令格休假三日。可以知道憲宗時沿用了代宗時放假三日的規定。參見周一良，趙和平著《唐五代書儀研究》，頁168～169。

〔註23〕 《全唐詩》卷四，第一冊，頁47。

〔註24〕 《全唐詩》卷三一三，第十冊，頁3521。

〔註25〕 《全唐詩》卷二七○，第八冊，頁3024。

〔註26〕 《全唐詩》卷三三四，第十冊，頁3751。

〔註27〕 《全唐詩》卷四九二，第十五冊，頁5566。

〔註28〕 《全唐詩》卷五四○，第十六冊，頁6188。

〔註29〕 《全唐詩》卷五九○，第十八冊，頁6848。

〔註30〕 《全唐詩》卷四六三，第十四冊，頁5268。

　　第三、關於道教史學者所宣稱，七月十五日的節日意涵淵源於道教三元日的說法，仍待相關研究的進一步商榷。原因在於：（一）目前相關文獻尚不足以印證此項說法。（二）無法解釋原為整組概念的三元日，為何獨獨發生"下元日"遭受冷落的歷史事實。此外，雖說道教中元日的確定於七月十五日或許曾受到佛教盂蘭盆會的影響，然而不能否認的是，源於三元思想的中元日在內涵上其實是與佛教有所區隔的。對於玄嶷指控道教中元日曾抄襲盂蘭盆會的說法，只能將其視為當時佛道交涉過程中所發生的一段插曲。或許在當時確實存在部分道徒襲用盂蘭盆會的部分儀式內容，然而不能將其擴充解釋成當時普遍的歷史事實。

　　第四、道教中元日的訂制於七月十五日，使得李唐將七月十五日訂為國定假日。在全國官民皆放假的情況下，一方面更增添許多過節的氣氛，另一方面則讓更多的信徒與民眾得以參與此一節慶。除此之外，代宗朝將中元日放假時間延長為三天的決定，不僅提供了民眾更充裕的時間準備過節事宜，對於節日相關活動的規模與熱鬧程度更是助益不少。

# 附錄三 相關文獻

（一）寶唱《經律異相》卷十四「目連為母造盆十一」

目連始得道，欲度父母報乳哺恩。見其亡母生餓鬼中，不見飲食，皮骨相連。目連悲哀，即鉢盛飯往饗其母。母得鉢飯，食未入口，化成火炭。目連馳還具陳此事。佛言：汝母罪根深結，非汝一人力所奈何，當須眾僧威神之力乃得解脫。可以七月十五日，爲七世父母厄難中者，具飯、五菓、汲罐、盆器、香油、鋌燭、床褥、臥具，盡世甘美供養眾僧。其日眾聖六通聲聞緣覺菩薩示現比丘在大眾中。皆同一心受鉢和羅具清淨戒。其有供養此等僧者，七世父母五種親屬，得出三途，應時解脫，衣食自然。佛敕眾僧，皆爲施主家七世父母行禪定意，然後食供。出盂蘭經（T.53, 73c-74a）。

（二）《冥祥記》慧達入冥故事下的七月十五日

《法苑珠林》卷八十六懺悔篇感應緣：

> 晉沙門慧達，姓劉，名薩荷……年三十一忽暴死，體尚溫柔，家未
> 斂。至七日而蘇，說云……見人長二丈許，相好嚴華，體黃金色。
> 左右並曰：觀世大士也，皆起迎禮。有二沙門，形質相類，並行而
> 東。荷作禮畢，菩薩具爲說法可千餘言。末云：凡爲亡人設福，若
> 父母兄弟，爰至七世姻媾親戚朋友路人，或在精舍，或在家中，亡
> 者受苦即得免脫。七月望日，沙門受臘，此時設供彌爲勝也。若割
> 器物以充供養，器器標題言：爲某人親奉上三寶，福施彌多，其慶
> 愈速。〔註1〕

---

〔註 1〕 《法苑珠林》卷八十六懺悔篇感應緣，《大正藏》卷五十三，頁 919c。

## （三）S.335 背〈差分房舍臥具人并安居法〉

1 依根本部差分房舍臥具人并安居法
　　集僧已，先應問言：眾中誰能為分房舍臥具人，能
　　者，應答言，我某甲能。問答已。羯磨者作如是言：

2 大德僧听：僧差比丘某甲夏安居為僧作分房舍臥具人。若
　　僧時到，僧忍听。僧

3 今差比丘某甲分房舍臥具人。白如是。大德僧听：今差
　　比丘某甲為

4 夏安居僧作分房舍臥具人，僧今差比丘某甲為夏安居僧
　　作分房

5 舍臥具人，誰諸長老忍僧差比丘某甲為夏安居僧作分房
　　舍臥

6 具人者，嘿然。誰不忍者說。僧已忍。差比丘某甲為夏
　　安居僧作分

7 房舍臥具人竟。僧忍嘿然，故是事如是持。
　　差已。彼分房舍臥具人應具舍羅，
　　其舍羅不得曲應（？），應以香涂從花

8 儼飾，安置蓬中，然後至上座前大德僧听：眾中誰能于壹處安
　　應告僧作如是言：
　　居者，應受壹籌。

9 于其夏中，若比丘，若犯戒、若犯見、若犯威儀、若犯
　　命者不，得舉之。若

10 有聞疑者，即今便說，後不得舉。受眾僧臥具已。若不
　　如法受用者，

11 白僧知已。應如法治，願僧當知。然後上座應大德僧听：
　　若僧時到作此白：

12 僧忍听，今月十五日受籌，明旦坐夏，白如是。
　　作此白已，彼分房舍臥具人
　　從上座至下座應次第行

13 舍羅，其沙州籌，和尚闍梨受之，大德僧听：此一住處一安居，
　　行籌訖，卻收。應白言：

　　大僧若干人，沙

14　彌若干人，都合若干人。各于佛法中清淨出家，和合安
　　居。上順佛教，

15　中報四報（恩），下為含識，念阿彌陀佛，一切普誦。
　　至十六日分房舍臥
　　具人，若小食，若集

16　僧處應大德僧听：今夏安居僧施主某甲聚落某名執事
　　白言：

17　人，某甲願僧知時如法座夏。

18　對二日安居文長老一心念我比丘某甲今依某處前三
　　日夏

19　安居若座後夏當應言施主某甲聚落某名執事人，某甲看
　　後三日夏安居
　　病人，某甲舍破修治故。如是三說。

## （四）S.5645《結夏文》

1　結下（夏）文菩薩大士一心念，我比丘某甲

2　假名菩薩僧。今於釋迦牟尼大

3　界內前三月夏安居。房舍破隨

4　緣去，依無相無為住，身心清淨，

5　遍一切處。

《解夏文》：

1　解下（夏）文

2　大德眾僧今日自恣，我比丘

3　某甲亦自恣，若見聞疑罪，

4　大德長老哀愍故，語我若見之

5　罪，當如法懺悔。

S.6417 金光明寺僧戒榮的《自恣唱道文》：

1　自恣唱道文當次維那下，大德僧聽，眾差比丘

2　某甲當為十五日維那，內外監知。羅漢聖僧集，凡聖

3　眾和合，香湯沐淨籌，自恣度眾生。大德僧聽：眾中

4　誰小，小者收護。三說。大德僧聽：外清淨大沙門入。三說

5 大德僧聽：眾中誰小，小者已收護，外清淨大沙門已入。內外

6 寂淨，無諸難事，堪可行籌，廣作自恣。我比丘戒榮

7 為自恣故行籌，惟願上中下座各各安心定意，如法受

8 籌。三說。並受囑受人籌。大德僧聽：次行沙彌籌。三說。大

9 德僧聽：此一住處一自恣，大僧若干人，沙彌若干人，各依佛法

10 中清靜（淨）出家，和合自恣，上順佛教，中報四恩，下為含

11 識，各誦經中清淨妙偈。戒榮文一本。〔註2〕

### （五）李邕《金谷園記》〔註3〕（七世紀）

乃有去世功德。蓋因大目連蕘並青提夫人在世時，廣造重惡誑惑。目連死，墮地獄受苦。唯到七月十五日，眾僧參拜□□大齋，一切六道罪人得喫食，故寄此餉。

### （六）《敦煌類書、雜抄》以及 S.2832 號敦煌文書「十二月時景兼陰晴雲雪諸節」記載

#### 1.《敦煌類書、雜抄》〔註4〕

（七月）十四・十五日何謂？為大目乾連母青提夫人，緣將兒功德之物，避兒廣買雞肫，造諸惡業，墮在一十八重地獄中，即至餓鬼獄中，受種種苦。目連投佛出家，後禪定觀知，遂告諸佛，啼泣救母。令七月十五日造盂蘭佛盆供養。因此一切七代先亡父母，並皆得食喫自餘。時因為罪重慳貪，故作猛火，亦復然也。

#### 2. S.2832 號敦煌文書

（正月）十五日　燈籠火樹，爭然九陌之時；舞席歌延（筵），大啓
　　　　　　　千燈之夜。

二月八日　　如來踰城之日。是以都入（人）仕女，執蓋懸幡。疑
　　　　　　□白飯之城，似訪朱驄之迹。

四月八日　　時屬四月維八，如來誕時。七步蓮花，既至於〔是〕
　　　　　　日，九龍吐水，亦在於茲辰。

七月十五日　盂蘭大啓，寶供宏開；羅卜請三尊之時，青提免八

---

〔註2〕引自郝春文〈唐後期五代敦煌僧尼的修習活動〉，頁295。
〔註3〕守屋美都雄著《中國古時歲時記の研究》（帝國書院，昭和38年），頁443。
〔註4〕轉引王三慶著《敦煌類書、雜抄》（高雄：麗文出版社，1993年），頁551。

　　　　　　難之日。故得家家烈（列）饌，處處敷延（筵）。生
　　　　　　千種之花，非開（關）春日；陳百嚴之味，正在香
　　　　　　盆。〔註5〕

臘月八日　　時屬風寒月，景在八辰，如來□溫室之時，祇樹浴眾
　　　　　　僧之日（下略）。

根據上述敦煌文書內容，可以知道敦煌當地民眾對於目連救母故事的認知已
經不完全得自於《盂蘭盆經》的經文，而是參雜了《淨土盂蘭盆經》中關於
目連過去世身為羅卜救母青提的故事於其中。對此，除了可以證實《淨土盂
蘭盆經》在當時的影響力外，另一方面亦傳遞了一個重要訊息，即《淨土盂
蘭盆經》就當時的信徒而言，並不存在偽經的問題。智昇雖然將該經判為疑
偽經不與入藏，然而該經的影響力卻透過民間文學個管道，藉由目連變文進
而延續至今。

## （七）P.2185《佛說淨土盂蘭盆經》

　　如是我聞，一時佛在舍衛國祇樹給孤獨園，重閣講堂，夏三月安居，坐
寶蓮華師子之座，口放赫赫照明天光，集諸大眾，亦為廣〔註6〕說目連宿世因
緣與八百萬菩薩，五百萬比丘、比丘尼，五百萬居士，五百萬清信士女，說
淨土之行。心淨故行淨、行淨故心淨。

　　是時阿難白佛言：「世尊，心為生累，本心為藉，真始心為從。心生心為
□〔註7〕，若始心垢故，佛土亦垢；心淨故，佛土亦淨。如佛言，佛土是垢、
是淨；如佛言，佛土非垢非淨。」佛言止：「阿難先救目連無量苦惱，後當廣
說。」

　　爾時目連比丘，從其本宅，為母七日持中食已。即以神通道力入十八王
三昧定，觀母生在何處。然盡神力故，都不知所在。號咷涕泣，悲聲哽咽，
來向佛作禮。悲聲不止，白佛言：「世尊！我母為生天上？為生人道中？為生
十八泥黎中？唯願世尊大慈，說其因緣，使弟子心聞意解。唯唯世尊，希聞！
希聞！」

　　爾時釋迦牟尼佛告目連比丘：「汝莫大啼泣哽咽，吾須臾之間示汝母處，
已生入十八泥黎餓鬼中。」目連聞佛語已，轉更悲咽，宛轉于地，不能自超。

〔註5〕轉錄黃徵、吳偉編校《敦煌願文集》（湖南：岳麓書社，1995年），頁84～85。
〔註6〕？依上下文判得。
〔註7〕沒？

　　佛語目連：「汝莫大呼啼。但爲你福業爲先，今佛夏三月安居，汝於後月十五日造作盂蘭盆，盛百一物，從楊枝豆米乃至鉢盂錫杖等，具足百一物也。百一味飲食從甘果乃至坐草等具百一味，施佛奉僧即離餓鬼三劫之苦，現身飽滿，即生人道，母子相見。」

　　是時目連見母，喜勇（湧）無量，如恆河沙中求一金沙，我今得之；譬如孝子，聞母已死，忽然還活；譬如生盲人忽然眼開；如人已死更生，目連歡喜亦復如是。

　　爾時目連現十八變，坐出煙焰、立出兩水、現化已竟，奉佛聖教告一切大眾、十六國王、王子百官、比丘、比丘尼、憂婆塞、憂婆夷，皆奉佛聖教，受持於夏三月十五日，各各自爲七世父母，現在宗親，營盂蘭盆以百一味飲食以安貯盆中，奉佛施僧，僧得受用。其檀越布施功果，得福無量，七世父母超越七十二劫生死之罪。

　　爾時十六國王，聞佛世尊說目連生身見母脫三劫餓鬼之罪，生人道中，母子相見，實得未嘗有、希有。時摩竭提國瓶沙王即勑藏臣爲吾造盆。臣奉勑，即以五百金盆、五百銀盆、五百琉璃盆、五百硨磲盆、五百瑪瑙盆、五百珊瑚盆、五百虎〔註8〕珀盆、各各盛滿百一味飲食，事事如法。五百金鉢盛滿千色華、五百銀鉢盛千色紫金香、五百硨磲鉢盛滿千色黃蓮華、五百瑪瑙鉢盛滿千色赤蓮華、五百珊瑚鉢盛滿千色青木香、五百琥珀鉢盛滿千色白蓮華，使七千童子，各各擎著王前。王視之如法，即勑主兵臣，嚴駕十四萬眾，俱到祇洹寺禮佛奉盆及僧。以七寶盆鉢具施與佛及僧。僧受用竟，還駕歸國，七世父母超過七十二劫生死之罪。

　　爾時祇洹林中須達居士、毗舍佉母、兩百憂婆夷，即從坐起還家。聞佛夏三月十五日至，共辦盂蘭盆，盛百一物，事事如法。百一飲食，味味具足。即以車載舉，盛百一物至祇洹寺，先以奉佛後施與僧。兩百居士、親信女送盂蘭盆竟，禮佛而歸，七世父母超過七十二劫生死之罪。

　　爾時波斯匿王末利夫人，班宣國內目連施盆法脩行。時大王夫人即勑藏臣爲吾造盂蘭盆。臣奉勑即以五百紫金盆、五百黃金盆、盛滿百一味飲食。復以五百紫金舉、五百黃金舉、盛滿百一物，事事具足送至王前。末利夫人見事事如法，時王即以嚴駕十八萬眾，共至佛前，奉千金盆、千金舉等竟，敬禮已，奉辭而還，言歸本國。七世父母超過七十二劫生死之罪。

---

〔註8〕即琥也。以下皆以琥字代替。

　　爾時須達居士，聞目連爲母造盆功德，目連生身見母，得脫餓鬼三劫之罪，生人道中，須達即爲一切眾生七世父母造盆，施僧八種施中安居施。何等爲八施？一僧得施；二現前施；三果得施；四安居施；五限施；六指示施；七給得施；八三世常住僧施、如法施。須達告諸居士，宜應急知八種施僧可施不可施，依佛教無（？）罪。

　　爾時阿難共五百羅漢，即從坐起白佛言：「世尊！目連比丘母行何業行，生世之時作何罪過，受生餓鬼三劫受罪？目連何因緣故託其家受生果報若此，乃復聖如是？唯願世尊說目連母因緣，一切大眾同共得聞。」

　　爾時世尊告阿難及五百居士言：「一切眾生行業果報不可思議，汝等諦聽！往昔過去世五百劫時，有佛名曰定光〔註9〕，出現於世，住羅陀國中。爾時目連生一婆羅門家子，母字清提，其兒羅卜少好布施，其母大慳、不樂布施。其兒羅卜出外遠行囑母言：『朝當有多客來覓兒，阿婆〔註10〕當爲客設食，恭須一一住歡喜是。』其母兒行後多客來，其母都無設食之意。母詐作散飯食、菜茹鹽等，狼籍在地，似若食處。兒從外來，問母言：『今朝客來，若爲對之？』母答言：『汝不見設食處所狼籍在地如此？』其母妄論，詐稱調兒，大慳無情。其母五百世與目連爲母，慳惜相續，至於今日。目連五百世爲其子。今母死入餓鬼中，目連於初七日送一鉢飯上靈床上。其母猶在鬼中，即得鉢飯，諸餘餓鬼來從乞飯，其母得鉢飯即舉身坐鉢飯上，猶故慳惜。若欲廣說其母大慳之事一劫不盡。略說一慳之事，以示大眾三世果報不可思議。」

　　爾時阿難、五百居士聞佛爲目連說盂蘭盆施佛及僧，生身見母在人道中，現世得果報不可說功德，如是頂受流通至無量劫。爾時未來世菩薩摩訶薩，比丘、比丘尼、憂婆塞、憂婆夷、受持讀誦解說盂蘭盆經，一切知聞流通宣說，化化不絕至未來世。爾時復有梵天至六欲諸天，阿修羅、天龍八部鬼神於無量劫，受持讀誦解說如法修行。如是無量大眾歡喜奉行，如生見佛，等無異也。

### 佛說淨土盂蘭盆經

筆者案：

該經的重要性，由於論文中已大略介紹過，此處不再贅述。此處僅針對

---

〔註9〕又作錠光如來、然燈如來、普光如來、燈光如來。佛光大辭典，頁3176。
〔註10〕阿婆一詞當爲唐朝用語。

經文中兩個問題加以討論。第一、該經為何在經名上冠上"淨土"兩字？綜觀該經，除了經文前面曾提及幾句「心淨故，佛土亦淨。」之類關於淨土的經文外，完全看不出該經與淨土信仰究竟有何關係。

對此，藉由該經經文「心淨故，佛土亦淨。」與鳩摩羅什所譯《維摩詰所說經》：「是故寶積，若菩薩欲得淨土，當淨其心。隨其心淨，則佛土淨。」〔註11〕經文相對照，可以確定《淨土盂蘭盆經》此段經文必然與《維摩詰經》關係非常密切。此外，根據筆者檢閱藏經中相關文獻，發現歷代經疏中曾引用此段經文者非常之多，以下即舉幾例加以說明：(1)僧肇撰《注維摩詰經》及云：「夫行淨，則眾生淨；眾生淨，則佛土淨。」（T.38, 335b）(2)唐湛然述《法華玄義釋籤》卷二：「隨其心淨，即佛土淨。」（T.33, 823c）(3)隋智顗《觀無量壽佛經疏》：「所以維摩云：以其心淨，故佛土淨也。若得此心只此，則是西方淨土。何者？淨穢皆在於心。若心淨，見此土則淨。」（T.37, 242a）(4)宋子璿錄《金剛經纂要刊定記》卷五：「故淨名云：欲淨佛土，當淨其心。隨其心淨，即佛土淨。淨其心者，即離有無也。」（T.33, 208c）據此則該經之所以冠上淨土兩字，乃是著眼於經文前段佛陀為大眾「說淨土之行。心淨故行淨、行淨故心淨。」此緣故。

第二、該經經文對於唐代盂蘭盆會儀式內容的影響。根據道世《法苑珠林》卷六十二「獻佛部」第二所云：

> 問曰：七月十五日既開道俗造盆獻供，未知得造寶盆、種種雜珍獻
> 　　　佛以不？
>
> 答曰：並得。若依小盆報恩經，略無寶物。依大盆淨土經，即有
> 　　　故。

據此，可以知道《淨土盂蘭盆經》除了影響了唐代目連變文故事的創作外，其經文並對於當時盂蘭盆會的供物內容產生一定的影響力。此外，根據遵式《金園集》（宋慧觀重編）卷上〈修盂蘭盆方法九門〉「造盆正法第二」所載：

> 今詳二經，造盆之法由人華儉。既四事百物咸可充供，理無常調。
> 若且直論盆者，若飯饌羹菜果實各著一盆，若香華湯藥皆用鉢器盛
> 之此依大盆經若云盡世甘美以著盆中，此不分盆鉢。此依小盆經若
> 欲年年奉盆不絕，應別造盆以擬常用，安清淨處，慎盛餘物。造盆

　　之材，金銀銅鐵木瓦無在，但取精嚴為上耳。〔註12〕

以及「道俗同遵第七」所載：

　　經云：若國王大臣、宰相三公、百官庶民、比丘、比丘尼行慈孝者，皆應為父母，乃至經末云：比丘四輩歡喜奉行。又大盆經云：十六大國王、末利夫人、須達長者等，及毗舍佉母二百優婆夷，頒宣國內皆學目連造盆。王及夫人與十四萬眾俱到祇園奉供。若乃教流東夏，始普武利法師翻譯巳來，莫知其誰也。但聞昔南齊高祖常於七月十五日送盂蘭盆往諸寺供自恣僧侶；顏氏家訓誡囑子孫七月十五盂蘭盆齋望於汝等；又有唐西明、慈恩等寺，國家每送盆及種種雜物供獻眾僧。〔註13〕

　　則該經之影響力一直至宋代依然不減。

## （八）《佛說父母恩重經》〔註14〕

　　如是我聞，一時佛在王舍城耆闍崛山中，與大菩薩摩訶薩及聲聞眷屬俱。亦與比丘、比丘尼、優婆塞、優婆夷（諸大弟子），一切諸天人民及天龍鬼神（等），皆來集會，一心聽佛說法，瞻仰尊顏，目不暫捨。佛言：「人生在世，父母為親，非父不生，非母不育。是以寄託母胎，懷身十月，歲滿月充，母子俱顯，生墮草上。父母養育，臥則蘭車，父母懷抱，和和弄聲，含笑未語。飢時須食，非母不哺，渴時須飲，非母不乳。母中飢時，吞苦吐甘，推乾就濕。非義不親，非母不養。慈母養兒，去離蘭車。十指甲中，食子不淨。應各有八斛四斗，計論母恩，昊天罔極。嗚呼慈母，云何可報？」阿難白佛言：「世尊，云何可報其恩，唯願說之。」佛告阿難：「汝諦聽善思念之。吾當為汝分別解說。父母之恩，昊天罔極，云何可報。若有孝順慈孝之子，能為父母作福造經，或以七月十五日能造佛槃（名）盂蘭盆獻佛及僧，得果無量，能報父母之恩。若復有人書寫此經，流布世人受持讀誦，當知此人報父母恩。父母云何可報，但父母至於行來，東西鄰里井臼碓磨，不時還家。我兒家中啼哭（憶母，母即心驚，兩乳汁出，即知家中我兒）憶我，即來還家。其兒遙見我來，或在蘭車，搖頭弄腦，或復曳腹隨行。嗚呼向母。母為其子曲身下就，長舒兩手拂拭塵土。嗚和其口，開懷出乳，以乳與之。母見兒歡，兒

---

〔註12〕《卍續藏》第一一一冊，頁114b。

〔註13〕《卍續藏》第一一一冊，頁115b。

〔註14〕此為筆者以今日《大正藏》第八十五卷《古逸部》所收《佛說父母恩重經》為底本，對校北圖號14所得之經文內容。

見母喜，二情恩悲親愛，慈重莫復（過是）。二歲三歲弄意始行。於其食時，非母不知。父母行來，值他座席。或得餅肉，不噉輒味，懷挾來歸，饗其與子。十來九得，恆常歡喜。一過不得，憍啼伴哭。憍子不孝，必有五摘。孝子不憍，必有慈順。遂至長大，朋友相隨〔註15〕。梳頭摩髮，欲得好衣覆蓋身體。弊衣破故，父母自著。新好綿帛先與其子。至於行來，官私急疾，傾心南北，逐子東西。橫簪〔註16〕其頭。既索妻婦，得他子女，父母轉疏。私房屋室，共相語樂。父母年高，氣力衰老，終朝至暮，不來借問。或復父孤母寡，獨守空房，猶如客人，寄止他舍，常無恩愛，復無襦〔註17〕被，寒苦辛厄，難遭之甚。年老色衰，多饒蚖虱，夙夜不臥，長吁歎息。何罪宿愆，生此不孝之子。或時喚呼，瞋目驚怒，婦兒罵詈，低頭含笑。妻復不孝，子復五橫。夫妻和合，同作五逆。彼時喚呼，急疾取使。十喚九違，盡不從順。罵詈瞋恚，不如早死，強在地上。父母聞之，悲哭懊惱。流淚雙下，啼哭目腫。汝初小時，非吾不長。但吾生汝，不如本無〔註18〕。佛告阿難：「若善男子善女人，能為父母受持續誦書寫《父母恩重大乘摩訶般若波羅蜜經》一句一偈逕耳目者，所有五逆重罪悉得消滅，永盡無餘。常得見佛聞法，速得解脫。」（爾時）〔註19〕阿難從座而起，偏袒右肩，長跪合掌，前白佛言：「世尊，此經云何名之？云何奉持？」（爾時）〔註20〕佛語阿難：「此經名《父母恩重經》。若有一切眾生，能為父母作福造經，燒香請佛，禮拜供養三寶，或飲食眾僧。當知是人能報父母其恩。」（佛說經已），帝釋梵王諸天人民一切眾生，聞經歡喜，發菩堤心〔註21〕。嚎哭動地，淚下如雨。五體投地，信受頂禮佛足，歡喜奉行。

## （九）S.5433 號敦煌寫本《佛說父母恩重經》

（前略）以七月十五日、能造佛槃盂蘭盆、獻佛及僧、得果無量、能報父母之恩、若復有人言寫此經、流布世人、受持讀誦、當知此人報父母恩（中略）南無兜（兜率）天宮慈氏如來、應正等覺、我今稽首、迴願往生。願共

〔註15〕北圖號 14 作「交游」。
〔註16〕原作「上」，據北圖號 14 改是。
〔註17〕原作「濡」，據北圖號 14 改是。
〔註18〕據北圖號 14、闞 40 寫本，以下即寫丁蘭等之孝子事蹟。
〔註19〕據北圖辰 36 補。
〔註20〕據北圖辰 36 補。
〔註21〕原作「薩」，據北圖號 14 改是。

諸眾生往生極樂國（中略）願我等從今日、及至證菩提、願隨我大師慈氏如來、龍華三會、得授（授？）道記、發願志心、歸命頂禮大悲彌勒尊佛（下略）。〔註22〕

　　根據上引兩篇敦煌寫本內容，可以得知，《父母恩重經》之所以添加七月十五日造盂蘭盆的內容，多少與盂蘭盆會在當時已經普遍流行的歷史背景脫不了關係。至於 S.5433 中將彌勒下生信仰，與彌陀淨土信仰並舉的情形，說明了對一般民眾而言，無論是兜率淨土抑或彌陀淨土，只要確實能爲個人彼世帶來幸福快樂者，他們都會履踐實行。

### （十）P.2055《佛說盂蘭盆經》與天津一七五號後周顯德五年（958）翟奉達寫經題記願文

#### 1. 天津一七五號〔註23〕

　　顯德五年歲次戊午，三月一日夜，家母阿婆馬氏身故，至七日是開七齋。夫檢校尙書工部員外郎翟奉達，憶念敬寫《無常經》一卷，敬畫寶髻如來佛一舖。每七至三週年，每齋寫經一卷追福，願阿孃託影神遊，往生好處，勿落三塗之災。永充供養。

　　十四日二七齋追福供養。願神生淨土，莫落三塗之難。馬氏承受福田。

　　二十一日三七齋，以（與）家母馬氏追福，寫經功德，一一領受福田，永充供養。

　　二十八日是四七齋，願以家母馬氏作福，一一見到目前。災障消滅，領受福田〔註24〕。一心供養。

　　四月五日五七齋寫此經，以阿孃馬氏追福。閻羅王（天）子以作證明，領受經功德，生於樂處者也。

　　四月十二日是六七齋，追福寫此經，馬氏一一領受寫經功德，願生於善處。一心供養。

　　四月十九日是收七齋，寫此經一卷以馬氏追福。生於好處，遇善知識，長逢善知識眷屬。永充供養。

---

〔註22〕轉引自金岡照光〈敦煌文獻より見たる彌勒信仰の一側面〉，《講座敦煌（七）‧敦煌と中國佛教》（東京：大東出版社，1984 年 12 月）。

〔註23〕卷首題籤「佛說無常經等七卷，爲亡母追福，每齋一卷。」參見黃徵，吳偉編校《敦煌願文集》（湖南岳麓書社，1995 年），頁 930〜932。

〔註24〕《敦煌願文集》作「因」，對照全文，當爲田字之誤。

## 2. P.2055 號〔註25〕

### (1)卷末識語

（六月）十一日是百日齋，寫此一卷、爲亡家母馬氏追福。願神遊淨土，莫落三途。

### (2)紙背識語

弟子朝議郎檢校尚書工部員外郎翟奉達〔註26〕爲亡過妻馬氏追福，每齋寫經一卷。

第一七齋寫《無常經》一卷

第二七齋寫《水月觀音經》一卷

第三七齋寫《咒魅經》一卷

第四七齋寫《天請問經》一卷

第五七齋寫《閻羅經》一卷

第六七齋寫《護諸童子經》一卷

第七七齋寫《多心經》一卷

百日齋寫《盂蘭盆經》一卷

一年齋寫《佛母經》一卷

三年齋寫《善惡因果經》一卷

右件寫經功德爲過往馬氏追福，奉請龍天八部、救苦觀世音菩薩、地藏菩薩、四大天王、八大金剛、以作證盟、一一領受福田，往生樂處，遇善知識，一心供養。〔註27〕

根據翟奉達題記內容，可以知道翟奉達在其母亡後，依據《佛說十王經》分別在七七、百日、一年、三年各寫一經以資追福〔註28〕。此十王齋爲佛教傳入中國後，在七七齋的基礎上，添加儒家傳統喪儀中百日、小祥、大祥而形成的中土獨有佛教追薦儀式。根據志磐《佛祖統紀》卷三十四，"七七齋"條所云：

〔註25〕轉抄金岡照光〈敦煌本《盂蘭盆經》雜感〉，頁211～212。收錄於秋月觀暎主編《道教と宗教文化》（東京：平河出版社，1987年）。

〔註26〕翟奉達，名再溫。生於唐僖宗中和三年（883），卒於後周顯德六年（959），年七十七。其爲五代敦煌著名曆學家。得參見蘇瑩輝《敦煌學概要》（五南圖書公司，1992年二版），頁174。

〔註27〕轉錄黃徵，吳偉編校《敦煌願文集》。

〔註28〕此即所謂建"十王齋"。關於《十王經》詳細經文，得參見杜斗城《敦煌本《佛說十王經》校錄》（蘭州：甘肅教育出版社，1989年）。

> 人死中有身，若未得生緣，極七日住，死而復生。如是輾轉生死，
> 至七七日，決定得生。若有生緣即不定（瑜伽論：中有亦名中陰。
> 極善即生淨土，其次生人天，極惡即入地獄或生三惡道。即日死亡
> 不經中陰）。今人亡每七日必營齋追福，謂之齋七者，令中有種子不
> 轉生惡趣也。

人死後七營齋追福的理論來自佛教中陰轉生的觀念。對於後來變成十齋，志磐如此解釋：

> 述曰：孔子曰，子生三年然後免於父母之懷。故報以三年之喪。佛
> 經云：人死七七，然後免於中陰之趣。故備乎齋七之法。至於今人，
> 百日大小祥，有舉行佛事者。雖因儒家喪制之文，而能修釋門奉嚴
> 之福，可不信哉？

原因即添加了儒家所強調的"三年之喪"。此段題記，印證了晚唐以降十王齋在敦煌一地已經普遍流傳的情形。除此之外，題記中保留了當時民眾十齋分別寫經的經名更是彌足珍貴的史料。此十部佛經之所以能夠雀屏中選，意味著這幾部佛典在當時敦煌受重視的程度。尤其是翟奉達在其亡母沒後百日齋所寫之《盂蘭盆經》，則傳遞了當時敦煌地區民眾將《盂蘭盆經》視為追福亡親的重要佛典之一。這樣一個情況與前述敦煌出土的《父母恩重經》中加入「七月十五日能造佛槃（名）盂蘭盆獻佛及僧，得果無量，能報父母之恩。」有關盂蘭盆會的內容，同樣反映了佛教不同儀式之間既相互影響又彼此競爭的關係。

# 參考書目

## 一、原始資料

### （一）藏內原始資料

1. 高楠順次郎編，《法寶總目錄》，台北：新文豐書局，1973 年。
2. 大藏經刊行會編，《大正新修大藏經》，台北：新文豐書局，1983～88 年。
3. 卍續藏經委員會編，《卍續藏》，台北：新文豐出版社，1968 年。
4. 卍續藏經委員會編，《卍續藏經總目錄》，台北：新文豐出版社，1977 年。
5. 西晉・竺法護譯，《受新歲經》，《大正藏》第一卷，No.61。
6. 西晉・竺法護譯，《佛說盂蘭盆經》，《大正藏》第十六卷，No.685。
7. 西晉・竺法護譯，《般泥洹後灌臘經》，《大正藏》第十二卷，No.391。
8. 西晉・法炬譯《佛說灌洗佛形像經》，《大正藏》第十六卷，No.695。
9. 西秦・聖堅譯譯《佛說摩訶刹頭經》，《大正藏》第十六卷，No.696。
10. 失譯，《佛說報恩奉盆經》，《大正藏》第十六卷，No.686。
11. 晉・法顯《法顯傳》，《大正藏》第五十一卷，No.2085。
12. 足立喜六著，何健民、張小柳譯，《法顯傳考證》，國立編譯館，1937 年。
13. 梁・慧皎撰，《高僧傳》，《大正藏》第五十卷，No.2059。
14. 梁・僧佑撰，《弘明集》，《大正藏》第六十四卷，No.2102。
15. 隋・費長房（561～597），《歷代三寶紀》，《大正藏》第四十九卷，頁 118c。
16. 隋・法經（約 594），《眾經目錄》，《大正藏》第五十五卷，No.2146。

17. 隋・彥琮（約 602），《眾經目錄》，《大正藏》第五十五卷，No.2147。

18. 唐・靜泰（約 665），《眾經目錄》，《大正藏》第五十五卷，No.2148。

19. 唐・慧淨，《盂蘭盆経讚述》，《大正藏》第八十五卷，No.2781。

20. 唐・智儼，《華嚴經內章門等雜孔目章》，《大正藏》第四十五卷，No. 1870。

21. 唐・道安編纂，《法苑珠林》，《大正藏》，第五十三卷，No.2121。

22. 唐・道宣撰，《法苑珠林》，《大正藏》，第五十卷，No.2060。

23. 唐・義淨《南海寄歸內法傳》，《大正藏》卷四十九，No.2125。

24. 唐・義淨著、王邦雄校注，《南海寄歸內法傳校注》，北京：中華書局，1995 年。

25. 唐・宗密，《佛說盂蘭盆經疏》，《大正藏》第三十九卷，No.1792。

26. 五代・義楚，《釋氏六帖》，台北：彌勒出版社，1983 年。

27. 宋・遇榮，《盂蘭盆經疏孝衡鈔》，《卍續藏》第九十四冊。

28. 宋・志磐，《佛祖統紀》，《大正藏》卷四十九，No.2035。

29. 宋・元照，《盂蘭盆疏新記》，《卍續藏》第三十五冊。

30. 宋・元照重集，《蘭盆獻供儀》，《卍續藏》第一三〇冊。

## （二）一般原始資料

1. 北魏・楊衒之原著、楊勇校箋，《洛陽伽藍記校箋》，台北：正文書局，1982 年。

2. 北齊・顏之推撰，清趙曦明注、盧文弨補，《顏氏家訓》，台北：藝文印書館，民國 56 年。

3. 南朝宋・范曄撰，唐・李賢等注，《後漢書》，台北：鼎文書局，1983 年。

4. 晉・葛洪撰，王明校釋，《抱朴子內篇校釋》，北京：中華書局，1985 年第二版。

5. 梁・宗懍著，守屋美都雄譯注，布目潮諷、中村裕一補訂，《荊楚歲時記》，東京：平凡社，1988 年。

6. 梁・沈約撰，《宋書》，北京：中華書局，1974 年。

7. 梁・蕭子顯撰，《南齊書》，北京：中華書局，1972 年。

8. 唐・徐堅撰，《初學記》，北京：中華書局，1962 年。

9. 唐・歐陽詢編，《藝文類聚》，上海：上海古籍出版社，1999 年。

10. 唐・李百藥撰，《北齊書》，北京：中華書局，1972 年。

11. 唐・令狐德棻等撰，《周書》，北京：中華書局，1971 年。

12. 唐・李延壽撰，《北史》，北京：中華書局，1974 年。

13. 唐・李延壽撰，《南史》，北京：中華書局，1974 年。

14. 唐・段成式撰,《酉陽雜俎續集》,台北:漢京文化事業有限公司,1983年。

15. 唐・魏徵等撰,《隋書》,北京:中華書局,1973年。

16. 後晉・劉昫等撰,《舊唐書》,北京:中華書局,1974年。

17. 宋・李昉等編,《太平廣記》,北京:中華書局,1961年。

18. 宋・歐陽修,宋祁等撰,《新唐書》,北京:中華書局,1974年。

19. 宋・王溥撰,《唐會要》,上海:上海古籍出版社,1991年。

20. 宋・宋敏求,洪丕謨等校,《唐大詔令集》,上海:學林出版社,1992年。

21. 宋・王欽若等編,《冊府元龜》,台北:大化書局,1984年。

22. 宋・李昉等編,《太平御覽》,台北:台灣商務印書館,1989年。

23. 宋・周密撰,《武林舊事》,北京:中華書局,1991年。

24. 宋・錢易撰,《南部新書》,北京:中華書局,1985年。

25. 清・嚴可均校輯,《全上古三代秦漢三國六朝文》北京:中華書局,1996年。

26. 清・董誥等奉編,《全唐文》,台北:大通書局,1979年。

27. 清・王昶編,《金石萃編》,台北:新文豐出版社,1977年。

28. 張志哲主編,《道教文化辭典》,上海:江蘇古籍出版社,1994年。

29. 任繼愈主編,《道藏提要》,北京:中國社會科學出版社,1991年。

30. 翁獨健編,《道藏子目引得》,上海:上海古籍社出版社,1986年。

31. 上海涵芬樓重印本影印《正統道藏》,台北:藝文印書館,1962年。

32. 中國歷史地圖集編輯組,《中國歷史地圖集》,上海:中華地圖學社,1975年。

## 二、一般論著

### （一）中文論著

1. 中國佛教協會編,《中國佛教》四冊,北京:知識出版社,1982年。

2. 王秋桂,〈目連救母的演變〉,中國民間傳說論集,1980年。

3. 王三慶,《敦煌類書、雜抄》,高雄:麗文出版社,1993年。

4. 王仲犖,《魏晉南北朝史》,上海:人民出版社,1980年。

5. 王瑤著,〈小說與方術〉,收於《中古文學史論》,北京:北京大學出版社,1986年。

6. 元文琪,《二元神論:古波斯宗教神話研究》,北京:中國社會科學出版社,1997年。

7. 印順著,《原始佛教聖典之集成》,台北:正聞出版社,1986年。

8.  朱垣夫，〈《佛說盂蘭盆經》的影響與對該經真偽的看法〉，《世界宗教研究》，1987 年第二期。

9.  巫瑞書，《南方傳統節日與楚文化》，漢口：湖北教育出版社，1999 年。

10. 呂澂，《中國佛學思想概論》，台北：天華出版公司，1991 年。

11. 杜斗城，《敦煌本《佛說十王經》校錄》，蘭州：甘肅教育出版社，1989年。

12. 余英時，《中國知識階層史論：古代篇》，台北：聯經出版社，1980 年。

13. 余英時，《中國思想傳統的現代詮釋》，台北：聯經出版社，1987 年。

14. 何茲全主編，《五十年來漢唐佛教寺院經濟研究》，北京：北京師範大學出版社，1985 年。

15. 何茲全主編，〈佛教經律關於寺院財產的規定〉，《五十年來漢唐佛教寺院經濟研究》，北京：北京師範大學出版社，1985 年。

16. 宋立道，《神聖與世俗：南傳佛教國家的政治與宗教》，北京：宗教文化出版社，2000 年。

17. 季羨林，〈商人與佛教〉，收於《季羨林學術論文自選集》，北京：北京師範學院出版，1991 年。

18. 金寶忱，〈吉林盂蘭盆會調查思考〉，《中國民間文化》1995 年第一期。

19. 姜伯勤，〈敦煌毗尼藏主考〉，《敦煌藝術宗教與禮樂文明》，北京：中國社會科學出版社，1996 年。

20. 周一良，〈唐代俗講考〉，收於《唐代密宗》，上海：上海遠東出版社，1996 年。

21. 侯旭東，《五、六世紀北方民眾佛教信仰》，中國社會科學出版社，1998年。

22. 侯旭東，〈十六國北朝時期僧人游方及其作用述略〉，《佳木斯師專學報》1997 年第四期。

23. 侯旭東，〈十六國北朝時期戰亂與佛教發展關系新考〉，《中國史研究》1998 年第四期。

24. 馬德，《敦煌遺書莫高窟歲首燃燈文輯識》，《敦煌研究》1997 年第三期。

25. 唐長孺，《魏晉南北朝史論叢》，北京：生活·讀書·新知三聯書店，1955年。

26. 唐長孺，《魏晉南北朝史論叢續編》，北京：生活·讀書·新知三聯書店，1959 年。

27. 唐長孺，《魏晉南北朝史論拾遺》，北京：中華書局，1983 年。

28. 張弓，〈中古盂蘭盆節的民族化衍變〉，《歷史研究》1991 年第一期。

29. 郝春文,〈東晉南北朝佛社首領考略〉,《北京師範學院學報》1991 年第三期。

30. 郝春文,《唐後期五代宋初敦煌僧尼的社會生活》,北京:中國社會科學出版社,1998 年。

31. 唐耕耦,〈房山石經題記中的唐代社邑〉,《文獻》1989 年第一期。

32. 郭良鋆,《佛陀和原始佛教思想》,北京:中國社會科學出版社,1997 年。

33. 陳芳英,《目連救母故事之演進及其有關文學之研究》,台灣大學文史研究,1983 年。

34. 陳來,《古代宗教與倫理:儒家思想的根源》,北京:生活・讀書・新知三聯書店,1996 年。

35. 陳寅恪,《陳寅恪先生文集》,台北:里仁書局,1981 年。

36. 陳國符,《道藏源流考》,台北:古亭書屋,1975 年。

37. 陳戍國,《中國禮制史:隋唐五代卷》,湖南教育出版社,1998 年。

38. 黃徵,吳偉編校,《敦煌願文集》,長沙:岳麓書社,1995 年。

39. 黃連忠,〈從〈佛說盂蘭盆經疏〉論宗密融會儒佛二教孝道思想拔濟鬼道業苦的文化意義與現代啟示(上)〉,《菩提樹》四九六期,1994 年。

40. 黃連忠,〈從〈佛說盂蘭盆經疏〉論宗密融會儒佛二教孝道思想拔濟鬼道業苦的文化意義與現代啟示(下)〉,《菩提樹》四九七期,1994 年。

41. 張弓:《敦煌春月節俗探論》,《中國史研究》1989 年第三期,頁 121～132。

42. 張弓:《敦煌秋冬節俗初探》,段文傑等編《敦煌學國際研討會文集・史地語文編》,遼寧美術出版社,1995 年。

43. 陶希聖,〈唐代寺院經濟概說〉,《現代佛教學術叢刊》第九冊,台北:大乘文化基金會出版,1980 年。

44. 童光俠,〈《佛說盂蘭盆經》與《目連救母變文》〉,《敦煌學輯刊》1990 年第一期。

45. 楊聯陞,〈佛教寺院與國史上四種籌措金錢的制度〉,《國史探微》,台北:聯經出版社,1983 年。

46. 楊耀東評,Teiser, Stephen F., *The Ghost Festival in Medieval China*,《唐研究》第二卷,北京:北京大學出版社,1996 年。

47. 楊曾文,《日本佛教史》,浙江人民出版社,1995 年。

48. 葉受祺,〈唐代寺院經濟之管窺〉,《現代佛教學術叢刊》第九冊,台北:大乘文化基金會出版,1980 年。

49. 蒲慕州評,Teiser, Stephen F., *The Ghost Festival in Medieval China*,《新史

學》三卷一期，1992 年。

50. 寧可，〈述社邑〉，《北京師範學院學報》1985 年第一期。

51. 劉淑芬：〈五至六世紀華北鄉村的佛教信仰〉，《中央研究院歷史語言研究所集刊》第六十三本第三分，1993 年。

52. 劉淑芬：〈北齊標異鄉義慈惠石柱──中古佛教社會救濟的個案研究〉，《新史學》五卷四期，1994 年。

53. 盧建榮，〈從造像銘記論五至六世紀北朝鄉民社會意識〉，《師大歷史學報》第二十三期，1995 年。

54. 錢穆，《國史大綱》（上下兩冊），台北：台灣商務印書館，1990 年修訂第十七版。

55. 謝寶富，《北朝婚喪禮俗研究》，北京：首都師範大學出版社，1998 年。

56. 顏尚文，《梁武帝》，台北：東大圖書，1999 年。

57. 蘇晉仁，《佛教文化與歷史》，北京：中央民族大學出版社，1998 年。

58. 龔方震、晏可佳著《祆教史》，上海：上海社會科學院出版社，1998 年。

## （二）西文論著

1. Ivan Strenski (1993) "On Generalized Exchange and the Domestication of the Sangha", *Religion in relation: method, application, and moral location*, Macmillan: University of South Carolina Press.

2. Schipper, Krstofer M. (1989) *Ritual Opera, Operatic Ritual: "Mulien Rescues His Mother" in Chinese Popula Culture*. Berkley: Chinese Popular Culture Project.

3. Seidel, Anna K. (1989~1990) "Chronicle of Taoist Studies in the West 1950~1990", *abiersd' Extrême-Asie* 5: 223~347.

4. Spiro, Melford E. (1982) *Buddhism and society: a great tradition and its Burmese vicissitudes*. Berkeley: University of California Press, 1982.

5. Teiser, Stephen F. (1986) "Ghosts and ancestors in medieval Chinese religion: the yü-lan- p'en festival as mortuaryritual". *History of Religions* 26: 1.

6. Teiser, Stephen F. (1988) *The ghost festival in medieval China*. Princeton: Princeton University Press.

7. Teiser, Stephen F. (1998) "Having once died and returned to life: represent-ations of hell in medieval China". Harvard Journal of Asiatic Studies vol.88.

8. Teiser, Stephen F. (1994) *The scripture on the ten kings and the making of purgatory in medieval Chinese Buddhism*. Honolulu: University of Hawaii Press.

9. Teiser, Stephen F. (1995) "Popular Religion". *Journal of Asian Studies* 54: 2.

10. Tambiah, Stanley J. (1970) *Buddhism and the Spirit Cults In North-east Thailand*. Cambridge: Cambridge University Press, 1970.

11. Tambiah, Stanley J. (1984) The Buddhist saints of the forest and the cult of amulets: a study in charisma, hagiography, sectarianism, and millennial Buddhism. Cambridge: Cambridge University Press.

12. Tanabe, Katsumi (1987) "Iranian Origin of the Gandharan Buddha and Bodhisattva Images － the catalytic contribution of the Kushan Buddhists". *Bulletin of the Ancient Orient Museum* vol.IV.

13. Weinstein, Stanley (1987) *Buddhism under the T'ang*. Cambridge: Cambridge University Press.

14. Redfield, Robert (1956) *The little community and Peasant society and culture*. Chicago: University of Chicago Press.

15. Zürcher, Eric (1959) *The Buddhist Conquest of China: The spread and adaptation of Buddhism in early medieval China*. Leiden: Brill, 1959.

16. Zürcher, Eric (1977) "Late Han Vernacular Elements in the Earliest Buddhist Translations".

17. Zürcher, Eric (1980) "Buddhist Influence on Early Taoism", *T'oung Pao* 66: 1.

18. Schopen, Gregory (1977) "Sukhavati as a generalized religious goal in Sanskrit Mahayana sutra literature", *Indo-Iranian Journal* 19: 177~210.

19. Schopen, Gregory (1979) "The Mahayana in Indian Inscriptions", *Indo-Iranian Journal* 21: 1~19.

20. Strong, John S. (1983) "Buddhism and Filial Piety: The Indian Antecedents to a Chineses' Problem", In *Traditions in Contact and Change* (ed. Peter Slater).

21. 法・Wang-Toutain, Françoise (1998) *Le bodhisattva K. sitigarbha en Chine du Ve au XIIIe siècle*, Paris: Presses de L'École française d'Extrême-Orient.

22. 法・Wang-Toutain, Françoise（2000）余欣、陳建偉譯,〈春祭——二月八日的佛教儀式〉,《法國漢學》第五輯。

23. 法・童丕（Eric Trombert）著,余欣、陳建偉譯,〈從寺院的帳簿看敦煌二月八日節〉,《法國漢學》第五輯,2000年。

24. 法・謝和耐（Gernet, Jacques）著,耿升譯,《中國五——十世紀的寺院經濟》,甘肅人民出版社,1987年。

25. 法・迭朗善（Deslongchamps, Loiseleur A.）法譯本,馬香雪轉譯,《摩奴法典》（Mānava-Dharma-Sāstra）,北京：商務印書館,1996年四版。

## （三）日文論文

1. 入沢崇,〈仏説盂蘭盆経成立考〉,《仏教學研究》第四十二期,1990年。

2. 干潟龍祥,〈梵漢雜俎〉,《智山學報》第十二～十三期,1969～1970年。

3. 小川貫弌,《仏教文學研究二》,永田文昌堂,1973年。

4. 小笠原宣秀,〈盧山慧遠の結社事情〉,《中國淨土教家の研究》,京都平樂寺書店,1951年。

5. 小野玄妙著，楊白衣譯，《佛教經典總論》，台北：新文豐出版公司，1983年。

6. 大村西崖，《支那美術史雕塑篇》，東京：國書刊行，1917年。

7. 山崎宏，〈隋唐時代に於ける義邑及び法社〉，《支那中世佛教の展開》，東京：清水書店，1947年。

8. 井本英一，〈盂蘭盆の諸問題〉，《オリエント》九卷一期，1969年。

9. 中村元，《仏教思想》第四期，京都：平樂寺書店，1979年。

10. 中村元主編、余萬居譯，《中國佛教發展史》（三冊），台北：天華出版社，1984年。

11. 中島隆藏，《六朝思想の研究：士大夫と仏教思想》，京都：平樂寺，1985年。

12. 石上善應，〈目連說話の系譜〉，《大正大學研究集要》第五十四期，1968年。

13. 永井義憲，〈說話の移植とその變容：目蓮救母說話考〉，《大正大學學報》第三十七期，1950年。

14. 矢吹慶輝，《三階教の研究》，東京：岩波書店，昭和2年。

15. 永井政之，〈中國仏教と民眾：歲時記にあらわれた佛教（一）〉，《駒澤大學仏教部研究紀要》第四十三號，昭和60年。

16. 永井政之，〈中國仏教と民眾：歲時記にあらわれた佛教（二）〉，《駒澤大學仏教部研究紀要》第四十四號，昭和61年。

17. 永井政之，〈中國仏教と民眾：歲時記にあらわれた佛教（三）〉，《駒澤大學仏教部研究紀要》第四十五號，昭和62年。

18. 池田澄達，〈盂蘭盆経に就いて〉，《宗教研究》三卷一期，1926年。

19. 吉岡義豐，〈施餓鬼思想の中國的受容〉，《印度學仏教學研究立正大學にうける第七回學術大會紀要》五卷一期，1957年。

20. 吉岡義豐，〈盂蘭盆経・目連変の原型話について〉，《吉岡義豐著作集》卷二，東京：五月書房，平成元年。

21. 吉岡義豐，《道教と仏教第一》，東京：國書刊行會，昭和53年三刷。

22. 佐藤智水，〈北朝造像銘考〉，《史學雜誌》第八十六編第十卷，1977年。

23. 佐藤密雄，〈布薩及び安居による僧伽の發達〉，《大正大學學報》第九期，1931年。

24. 岩本裕，〈目連伝說と盂蘭盆〉，寶藏館，1979年。

25. 岩波洋，〈目連說話に於ける目連救母経の意義について〉，《金澤大學研究科研究論集》（一），1975年。

26. 金岡照光，〈中國民間における目連說話の性格〉，《佛教史學》七卷四期，1955 年。

27. 金岡照光，〈敦煌本《盂蘭盆經》雜感：盂蘭盆會と目連変文に關する〉，《道教と宗教文化》，東京都：平河出版社，1987 年。

28. 牧田諦亮，〈水陸會小考〉，《東方宗教》第十二期，1957 年。

29. 牧田諦亮，《六朝古逸觀世音應驗記の研究》，平樂寺書店，1970 年。

30. 牧田諦亮，《疑経研究》，京都：京都大學人文科學研究所，1976 年。

31. 牧田諦亮，福井文雅編集，《敦煌と中国佛教》，東京都：大東出版社，1984 年。

32. 秋月觀暎，〈道教と仏教の父母恩重経〉，《宗教研究》三十九卷四期，1966 年。

33. 秋月觀暎，〈道教の三元思想〉，《宗教研究》三十四卷三期，1961 年。

34. 秋月觀暎，〈三元思想の形成について〉，《東方學》第二十二期，1961 年。

35. 宮次男，〈目連救母説話とその繪畫出現に因んで〉，《美術研究》第二五五期，1968 年。

36. 眞鍋廣濟，《地藏の研究》，京都：三密堂書店，昭和 62 年重版。

37. 岡部和雄，〈盂蘭盆経類の譯経史的考察〉，《宗教研究》三十七卷三期，1964 年。

38. 岡部和雄，〈宗密における孝論の展開とその方法〉，《印度學仏教學研究》十五卷二期，1967 年。

39. 岡部和雄，〈淨土盂蘭盆経の成立とその背景──偽経経典成立に關する一試論〉，《鈴木學術財團研究年報》第三期，1965 年。

40. 岡部和雄，〈敦煌本「盂蘭盆経讚述」の性格〉，《印度學仏教學研究》第三十六期（十八卷二期），1970 年。

41. 岡部和雄，〈《父母恩重經》中的儒教、佛教、道教〉，《世界宗教研究》1996 年第二期。

42. 高雄義堅，〈北魏仏教教團の發達〉，《中國仏教史論》，京都平樂寺書店，1952 年。

43. 常盤大定，〈仏教の福田思想〉，《續支那仏教の研究》，東京：春秋社，1941 年。

44. 望月信亨，《望月仏教大辭典》，東京：世界聖典刊行協會，1968 年第六十一期。

45. 望月信亨，《中国淨土教理史》，京都：法藏館書店，1978 年。

46. 倉石武四郎，〈目連救母行孝戲文に就いて〉，《支那學》三卷十期，1925 年。

47. 倉石武四郎，〈目連変文介紹の後に〉，《支那學》四卷三期，1927 年。

48. 清木正兒，〈敦煌遺書《目連緣起》《大目乾連冥間救母変文》及《降魔変押座文》に就いて〉四卷三期，1927 年。

49. 塚本善隆，〈龍門石窟に現れたる北魏佛教〉，《塚本善隆著作集》第二卷，日本大東出版社，1942 年。

50. 塚本善隆，〈古逸六朝觀世音應驗記の研究——晉謝敷、宋傅亮《觀世音應驗記》〉，《京都大學人文科學研究所創立二十五週年記念論文集》，京都：京都大學人文科學研究所，1954 年。

51. 塚本善隆，《塚本善隆著作集第三卷・中國中世仏教史論考》，東京：大東出版社，1975 年。

52. 塚本善隆，《中国仏教通史》，東京：春秋社，1979 年。

53. 塚本善隆，《道藏内仏教思想資料集成》，東京都：大藏出版，1986 年。

54. 塚本善隆，《中国の仏教儀禮》，東京都：大藏出版，1986 年。

55. 塚本善隆，〈魏晉佛教的展開〉，《日本學者研究中國史論著選譯》（七），北京：中華書局，1993 年。

56. 塚本善隆，〈北魏僧祇户佛圖户〉，《日本學者研究中國史論著選譯》（七），北京：中華書局，1993 年。

57. 道端良秀著，《中国仏教の社會福祉事業》，京都：法藏館書店，1967 年。

58. 道端良秀著，《唐代仏教史の研究》，東京：平樂寺書店，1967 年。

59. 道端良秀著，《仏教と儒教倫理：中國佛教における孝の問題》，東京：平樂寺書店，1968 年。

60. 道端良秀著，釋慧嶽譯，《佛教與儒家倫理》，《世界佛教名著譯叢》（四十八），台北：中華佛教文獻編撰社，1973 年。

61. 道端良秀著，《中国仏教思想史の研究：中國民眾の仏教受容》，東京都：平樂寺書店，1979 年。

62. 道端良秀著，《中国仏教社會經濟史の研究》，京都：平樂寺書店，1983 年。

63. 福井康順等監修，《道教》第二卷，東京都：平河社，1983 年。

64. 諏訪義純，《中國中世仏教史研究》，東京都：大東出版社，1988 年。

65. 鎌田茂雄，《中国の仏教禮儀》，東京：大藏出版社，1986 年。

66. 鎌田茂雄，關世謙譯，《中國佛教通史》第一卷至第四卷，高雄：佛光出版社，1985、1993 年。

67. 講座敦煌編集委員編集，《敦煌と中国道教》，東京都：大東出版社，1983 年。

68. 藤野立然：〈盂蘭盆経攷〉，《竜谷大學論集》第三五三期，1956 年。